EM BUSCA DO ALÉM

A Dinâmica da Reencarnação

EM BUSCA DO ALÉM

A Dinâmica da Reencarnação

Felipe Campos

Todos os direitos reservados © 2020

É proibida qualquer forma de reprodução, transmissão ou edição do conteúdo total ou parcial desta obra em sistemas impressos e/ou digitais, para uso público ou privado, por meios mecânicos, eletrônicos, fotocopiadoras, gravações de áudio e/ou vídeo ou qualquer outro tipo de mídia, com ou sem finalidade de lucro, sem a autorização expressa do autor.

Revisão: Larissa Dutra

Catalogação na Publicação (CIP)

C198e	Campos, Felipe, 1988-
	Em busca do além: a dinâmica da reencarnação / Felipe Campos – 1ª ed. – São Paulo: Arole Cultural, 2020.
	184 p.
	ISBN 978-65-86174-00-7
	1. Reencarnação. 2. Evolução Espiritual. 3. Espiritualidade. 4. Carma. 5. Umbanda. I. Título.
	CDD 290
	CDU 299

*Sessenta anos atrás,
eu sabia tudo.
Hoje sei que nada sei.
A educação é a descoberta
progressiva da nossa ignorância.*

Will Durant

De manhã escureço
De dia tardo
De tarde anoiteço
De noite ardo.

A oeste a morte
Contra quem vivo
Do sul cativo
O este é meu norte.

Outros que contem
Passo por passo:
Eu morro ontem

Nasço amanhã
Ando onde há espaço:
— Meu tempo é quando.

Vinícius de Moraes
Poética, Nova York, 1950

DEDICATÓRIA

Dedico esta obra ao meu Mestre e Pai Espiritual Rubens Saraceni. Na primeira vez que passei pelo fenômeno da psicografia, foi ele quem me incentivou a dar continuidade, a aprender e externar o que os Mentores Espirituais tentavam nos dizer.

Encerrei este livro quatro horas antes do desencarne de meu Pai Rubens Saraceni, e agora ofereço toda essa obra à sua memória entre nós que ficamos com saudades na Terra.

Rubens teve mais de trinta anos na espiritualidade, dos quais passei quase uma década ao seu lado, e devo a ele a grande abertura de meus caminhos espirituais e na Umbanda.

Meu Pai, seus ideais continuarão vivos nas mentes e nos corações de todos aqueles que um dia viveram e aprenderam com o senhor, um ser iluminado, um missionário nesta Terra, chamado de Rubens Saraceni. Que os Mentores Cacique Pena Azul e Pai Joaquim de Angola possam lhe dar o abraço que tanto me faz falta agora.

SUMÁRIO

O Ser Humano..13

   O Planeta Terra como dimensão evolucionista......23

   A evolução do Ser acompanha a do Espírito..........29

   O processo de reencarnação 35

   O encarne e o desencarne...................................39

   A Balança Divina e o Juízo Final.......................44

As Leis da Reencarnação 51

   Os Arquitetos das Encarnações.........................55

   O agrupamento dos seres 63

   A Média Global Evolucionista...........................67

   As faixas vibracionais de evolução 71

   A primeira encarnação 78

   O nascimento..83

   Clonagem humana e a espiritualidade 91

   Reencarnação compulsória 95

   Desapego material e emocional 98

   Os chakras e a evolução espiritual....................105

   A evolução dos chakras na trajetória de vida........110

Karma, morte e reencarnação.............................117

   Os traumas causadores dos karmas 122

Karmas coletivos 126
Livre arbítrio ilusório 132
Libertação cármica 139
Um presente especial para você 147
As Dimensões Paralelas 149
7ª Dimensão Negativa 150
6ª Dimensão Negativa 152
5ª Dimensão Negativa 154
4ª Dimensão Negativa 155
3ª Dimensão Negativa 156
2ª Dimensão Negativa 157
1ª Dimensão Negativa 159
Plano Zero 160
1ª Dimensão Positiva 161
2ª Dimensão Positiva 163
3ª Dimensão Positiva 164
4ª Dimensão Positiva 165
5ª Dimensão Positiva 166
6ª Dimensão Positiva 168
7ª Dimensão Positiva 168
O fim do ciclo 171
Posfácio 175
Sobre o Autor 181
Referências Bibliográficas 183

O SER HUMANO

Ao começar um estudo sobre reencarnação, penso que não poderíamos ter um princípio mais adequado do que o próprio estudo do Ser Humano. O que, afinal de contas, é Ser Humano?

Há diversas maneiras de ver e entender o Ser Humano, inclusive temos inúmeros campos de estudos para melhor entendê-lo. Podemos estudar o Ser Humano sob a ótica da ciência e chamar-lhe *Homo sapiens* - "homem sábio". Vendo por esse ângulo, faríamos uma abordagem mais antropológica e, então, teríamos que passear pelas questões evolucionistas e criacionistas para entender como chegamos até aqui... Ainda assim ficaríamos com a derradeira pergunta: aqui aonde?

Podemos, ainda, pensar que a visão antropológica do Ser Humano não é tão interessante e necessária ao estudo quando nossa campo de estudo é voltado à espiritualidade, mas os dois temas, espiritualidade e antropologia, se cruzam na visão evolucionista do Ser.

Quando falamos em *Homo sapiens*, estamos falando da evolução do Ser no Planeta Terra. Com isso, voltamos no tempo até os homens primatas, como *Australopitecos afarensis*, *Australopitecos africanus*, *Paranthropus Boises*, *Paranthropus Robustus*, *Homo Habilis*, *Homo Erectus* – o primeiro hominídeo a andar de forma ereta, que viveu entre 1,8 milhões até 300 mil anos atrás. É lá, justamente há 300 mil anos, que inicia a existência do *Homo sapiens* (ainda que sua constituição como a conhecemos hoje só é datada desde 50 mil anos atrás).

A ideia aqui não é traçar um paralelo com a teoria da evolução de Darwin (embora isso desse uma boa discussão) uma vez que, a meu ver, ela não explica com exatidão o processo da evolução e, portanto, não a considero inteiramente correta. Mas vamos pensar numa coisa: por algum motivo a constituição física do homem precisou evoluir e, com esta evolução, ganhou atributos e qualidades – dentre elas um cérebro dito altamente desenvolvido, capacidade de raciocínio lógico e abstrato, linguagem, capacidade de introspecção, reflexão quanto a temas complexos e resolução de problemáticas.

Isso é um fato comprovado! Você mesmo, neste momento, deve estar iniciando ou deixando livre seu raciocínio, para uma reflexão de vida mais profunda, coisa que sabemos que outros animais não fazem. Não é comum você ver um cachorro, por exemplo, divagando quanto ao motivo de sua existência na Terra... Por esse motivo, de forma jocosa, afirmo que o Ser Humano é o único ser vivo consciente de sua mortalidade e que, devido a sua capacidade de raciocínio, é o único Ser que filosofa sobre ela. Isso nos dá a oportunidade de traçar um planejamento de vida sabendo, de antemão, que o final é a morte, fato que não é conhecido pelos animais.

É possível que algumas pessoas questionem a aparente inteligência animal quando estes se deparam com outro animal morto ou mesmo quando presenciam uma iminente doença em seu dono. Devemos, porém, entender que apesar destes fatos parecerem fantásticos para nós, neles o animal apenas está seguindo e respeitando sua natureza. A aparente inteligência é, na verdade, a vazão de seu instinto; não há ali raciocínio filosófico acerca da morte e da vida do Ser, seja ele qual for.

Retomando o nosso raciocínio sobre o Ser Humano, podemos então questionar a importância de evoluirmos nossos aspectos mentais e nossa constituição física. Para melhor entendermos a necessidade de evolução de nossa constituição física, precisamos entender o que é o Ser Humano em sua constituição espiritual.

SE O NOSSO CORPO FÍSICO EVOLUI, É PORQUE ELE PRECISA ACOMODAR UMA CONSTITUIÇÃO ESPIRITUAL MAIS EVOLUÍDA.

O Ser Humano é um ser egocêntrico, tem por costume pensar ser o centro do universo. Podemos observar isso quando nos deparamos com frases como, por exemplo, *"Deus criou o homem a sua imagem e semelhança"*. Temos o costume de acreditar que somos a grande e principal criação de Deus e que o universo gira em torno de nós mesmos. Podemos, ainda, citar em outro exemplo: Galileu Galilei, que quase perdeu sua vida ao afirmar, contrariando as verdades de sua época, que a Terra girava em torno do Sol e não o contrário.

O fato é que Deus exteriorizou de si tudo que existe e que não conhecemos nem 1% do que foi criado. O Universo é simplesmente uma paralela dimensional de sua criação. A bem da verdade, Deus não criou o Ser Humano a partir do barro, tampouco como se fôssemos sua obra-prima. O que acontece é que Deus exterioriza Seres Espirituais, ou seja: do núcleo divino são emanadas centelhas divinas que se tornam a matriz geradora de um espírito e, ainda assim, até então não estamos falando de Seres Humanos.

OS SERES ESPIRITUAIS EXTERIORIZADOS DO NÚCLEO DIVINO PASSAM POR UMA LONGA JORNADA ATÉ A CONCLUSÃO DE SUA CONSTITUIÇÃO ESPIRITUAL, ISTO É, SEU CORPO ESPIRITUAL E SUA CONSTITUIÇÃO ENERGÉTICA.

Neste processo, ao mesmo tempo em que começam a se desenvolver as estruturas do corpo espiritual, também se desenvolvem seus aspectos intelectuais. Sempre digo que o micro explica o macro e se prestarmos atenção na gestação de uma criança, por exemplo, poderemos então entender melhor a maneira como acontece a criação e a evolução de um Ser Espiritual.

Imaginemos que o espermatozoide seja a centelha emanada do núcleo divino. Sabemos que um espermatozoide não possui intelecto, personalidade nem raciocínio; ele possui apenas *anima*, um princípio divino que o dá vida, mas até sua movimentação nos fluxos dos fluídos corpóreos é apenas impulso inconsciente e instintivo. Um espermatozoide possui *anima*, mas não possui vida individualizada, ainda não é um Ser; é apenas a base necessária para a criação de um, assim como a farinha não é um bolo, mas é algo que pode se tornar um, se corretamente preparado e misturado a outros ingredientes fundamentais para sua composição.

Quando o espermatozoide é ejaculado durante o ato sexual entre homem e mulher, ele passa então a um segundo estágio, onde inicia sua jornada para que possa fecundar o óvulo. No paralelo com a criação espiritual, este seria o primeiro estágio de evolução pós-emanação divina, onde cada centelha buscará o que chamamos de fatoração. Um óvulo fecundado pelo espermatozoide, nesse caso, é como uma centelha fatorada, pronta para começar a sua preparação para enfim tornar-se um ser vivo. Porém, temos uma diferença no plano espiritual: ao contrário da fecundação biológica, em que centenas de milhares de espermatozoides são "descartados" e apenas um consegue fecundar o óvulo, na Criação não existe uma centelha que se perca, todas são fatoradas.

Após a fatoração, o novo Ser passa por diversos processos energéticos e espirituais, sendo nutrido por diversas dimensões paralelas à nossa, cada uma delas desenvolvendo um novo aspecto do Ser, que caminha para a individualização. Começa, então, seu desenvolvimento básico, que constituirá seu núcleo divino e assim como o processo de geração espiritual, também algumas dimensões paralelas se parecem muito com a gestação de crianças, uma vez que também possuem uma espécie de cordão umbilical energético ligado ao Ser, para que este receba as energias que necessita para seu desenvolvimento.

Tudo que existe no Universo é energia, logo, a forma de alimentação de um Ser Espiritual é energia sutil. Assim como a alimentação do Ser Humano em nível físico é processada pelo organismo e transformada em energia, o corpo espiritual também se alimenta nas diversas dimensões por onde passa e enquanto não estiver pronto para conseguir, sozinho, captar as energias necessárias para seu sustento de forma independente, ele permanecerá nas dimensões onde seu campo energético é suprido por cordões energéticos que o alimentam assim como o cordão umbilical faz ao bebê.

Quando o corpo espiritual desenvolve seus próprios mecanismos de captação energética, que chamamos de chakras, ele está pronto para se desprender destes cordões umbilicais do astral e passa às novas dimensões, onde outros e novos aspectos serão desenvolvidos.

> NAS PRÓXIMAS DIMENSÕES,
> O SER ESPIRITUAL COMEÇARÁ,
> ENTÃO, A ADQUIRIR POTENCIAIS
> INTELECTUAIS E DE RACIOCÍNIO,
> AINDA QUE DE FORMA PRIMÁRIA,
> POIS APENAS REAGE AOS
> INSTINTOS, ASSIM COMO
> OS PRIMEIROS MOMENTOS
> DA VIDA DE UM BEBÊ.

Quando uma criança nasce, sabemos que ela ainda não é dotada ou, ao menos, não tem pleno desenvolvimento de suas habilidades intelectuais: um recémnascido age por instinto, assim como os animais. Quando sente fome, reage a isso, geralmente chorando; quando sente frio, responde reagindo da forma que pode para demonstrá-lo; quando sente necessidades fisiológicas, simplesmente as faz, não importando onde esteja. Esses primeiros anos de vida são um período mágico, pois será o único em toda existência na Terra durante o qual viverá 100% do seu tempo no aqui e agora.

Um bebê não passa seus dias pensando qual será sua refeição de amanhã, ou mesmo no quão era confortável e quentinho o útero de sua mãe... Não! Ele está com seu corpo e sua mente completamente concentrados no vivenciar o momento presente - e isso é de fundamental importância para o completo desabrochar de suas capacidades. Se desde o princípio da sua existência um bebê já tivesse plena capacidade de raciocínio assim como os adultos, todas as suas faculdades mentais seriam tomadas por preocupações que, por sua vez, atrairiam energias que nocivas ao seu campo espiritual ainda em desenvolvimento e adequação ao seu recém-formado corpo físico e ao universo ao seu redor.

Imagine uma criança com apenas um ano de idade preocupada se no dia de amanhã terá o leite que costuma tomar ao despertar, ou preocupada se seu pai retornará no final do dia de trabalho devido à violência do mundo em que vivemos. Essa criança, por certo, teria rugas antes mesmo de completar 10 anos e visitaria com frequência um cardiologista a partir dos 15, pois cresceu influenciada por energias de preocupação com a estabilidade do futuro - energias essas que, se já são nocivas a nós adultos, que possuímos uma constituição energética mais solida, imagine o que faria ao campo espiritual de uma criança.

A propósito, esse estado de presença e consciência no momento presente é o que as diversas técnicas de meditação, agora mais estudadas que nunca, tentam nos ensinar: recolocar nossa mente e nosso corpo no mesmo tempo e espaço, no agora! É como se, através dessas técnicas, voltássemos ao nosso estado de natureza original, uma vez que em dado momento de nossas vidas fizemos o descolamento de corpo e mente: nosso corpo continua vivendo o aqui e agora, já que quando sente frio, o sente no momento presente; quando sente fome, a sente no momento presente... Nossa mente, porém, a todo o momento ou está no futuro, nas coisas que precisam ser feitas, ou está no passado, pensando no que fez, em coisas que deveria ter feito, arrependimentos ou felicidades passadas. Poucos são os momentos nos quais nossa mente se encontra no mesmo espaço-tempo que nosso corpo físico, como um bebê.

Assim também é para esse Ser Espiritual, que permanece semiconsciente, apenas respondendo ao ambiente de forma instintiva para que possa ter sua constituição espiritual e energética plenamente constituídas. Uma vez que essa constituição está completa ele passa, então, para a jornada de formação de seu caráter e intelecto, e colocará a prova todas as suas qualificações adquiridas nas diversas dimensões pelas quais passou em sua fase anterior.

Assim como os pais não podem proteger seus filhos das influências do mundo quando atingem certa idade e, lançando-se à sociedade, passam a vivenciar suas próprias experiências, também Deus não nos protege de tudo que há de negativo em nosso universo físico, espiritual e energético - não porque não o possa, mas porque não o quer. Pais e mães em relação a seus filhos sabem que, mesmo que queiram e mesmo que tentem, não é saudável a seus descendentes viverem em uma redoma de proteção do mundo; se assim fosse, não desenvolveriam seu intelecto, seu caráter, seu raciocínio e nem sua sociabilidade. Ao espírito vale a mesma regra: por mais que em momentos de angústia clamemos pela ajuda divina, devemos ter consciência de que nada que acontece no mundo é totalmente ruim, e nada é igualmente de todo bem. Como eu mesmo sempre digo: um erro só é erro se não nos servir de lição.

Com este raciocínio em mente, se inicia, então, a vida que podemos chamar de "madura" para o Ser Espiritual. Agora ele será destinado às dimensões nas quais será exposto a todo tipo de energia e a todo tipo de situação e terá que usar as capacidades e potencialidades adquiridas até então, dentre elas a de absorção e transmutação energética, para aprender a lidar com os problemas da vida. Essa vida mais ampla passará a ocorrer simultaneamente em diversas dimensões paralelas entre si - a uma dessas dimensões chamamos "Dimensão Humana". Existem diversas dimensões da vida, como por exemplo: dimensão angelical, dimensão estelar, dimensão solar; existem até mesmo dimensões que possuem sua base em elementos da natureza, como dimensões aquáticas, telúricas, ígneas, eólicas. Assim, então, teremos Seres Angelicais, Estelares, Solares, Aquáticos, Telúricos, Ígneos e Eólicos, por exemplo.

TODO ESPÍRITO QUE
FOR DIRECIONADO PARA
VIVENCIAR SUAS EXPERIÊNCIAS
NA DIMENSÃO HUMANA SERÁ,
A PARTIR DE ENTÃO, CHAMADO
ESPÍRITO HUMANO.

Os demais espíritos que forem alocados nas tantas outras dimensões serão espíritos com a nomenclatura voltada à sua dimensão. Assim, um Ser Angelical não é nem será um Ser Humano, pois teve sua evolução destinada à dimensão angelical; seguindo essa mesma lógica, entendemos que todos os demais Seres das demais dimensões também não são humanos, pois não habitam a dimensão humana.

Com base nisso podemos entender que "Ser Humano" é o ser que, durante sua jornada evolucionista, entrou na dimensão humana. Então, *Ser Humano* é todo aquele *que está sendo*, no sentido de ainda não estar finalizado. Por isso falamos que o Ser Humano é imperfeito, pois *está sendo*: ainda não foi, ainda não concluiu, ainda está em sua caminhada, sua jornada em direção à evolução. A esse ponto já temos compreensão suficiente para entendermos que não somos o centro do universo e, tampouco, somos a obra-prima do criador: somos apenas uma pequena parte da sua imensa e diversa criação.

O PLANETA TERRA COMO DIMENSÃO EVOLUCIONISTA

Essa Dimensão Humana citada se localiza no Universo como o conhecemos. Isso nos faz pensar que tudo o que conhecemos enquanto Universo, tudo o que entendemos por *gênese*, todas as descobertas feitas pelas diversas ciências, dizem respeito apenas a uma parte da dimensão humana que, por sua vez, é apenas uma pequena parte da criação divina.

Ao mesmo tempo, é importante termos em mente que tudo o que conhecemos e vemos no Universo é apenas uma das paralelas da dimensão humana da vida – e que, com a palavra "paralela", entendemos que estão situadas lado-a-lado, simultaneamente, mas em espaços diferentes.

A física nos ensina que dois corpos não ocupam o mesmo espaço ao mesmo tempo. Essa lei se aplica, porém, unicamente a dois corpos com a mesma densidade energética. Dois corpos de densidades energéticas diferentes ocupam sim o mesmo espaço, não necessariamente (mas possivelmente) ao mesmo tempo, nos levando aos estudos de tempo e espaço sob a ótica espiritualista.

Na Dimensão Humana existem bilhões de Seres e assim como existem diversas dimensões para diversos tipos de Seres darem continuidade às suas trajetórias (sendo a Dimensão Humana apenas uma delas), também dentro da Dimensão Humana existem divisões que separam os espíritos aqui alocados como "Seres Humanos", cada um desses espíritos sendo alocado ´nelas de acordo com seu nível de evolução e faixa vibracional, como veremos adiante. Dentre essas divisões, a mais conhecida é também a mais básica dessa dimensão: a que diferencia os Seres encarnados dos desencarnados.

A DIMENSÃO HUMANA, COMO UM TODO, POSSUI VÁRIAS OUTRAS DIMENSÕES EM SI MESMA, COM COMPLETA DIVERSIDADE ENERGÉTICA; UMA DESSAS DIMENSÕES SE ENCONTRA NO PLANETA TERRA.

É importante deixar claro que no mesmo espaço físico do Planeta Terra existem diversas dimensões em vibrações energéticas distintas. Isso quer dizer que, no espaço da sala de estar da sua casa, por exemplo, existem outros Seres Espirituais do tipo humanos (que foram designados à Dimensão Humana), tendo outra vivência no mesmo espaço, mas em faixas vibracionais diferentes. Essa diferença de faixa vibracional faz com que os dois planos não se enxerguem, não se interfiram e não interajam entre si a menos, claro, que aconteça o intermédio de alguém com capacidade mediúnica para isso. Aprofundando-nos no tema da vibração energética entre os planos, podemos afirmar que a dimensão em que vivemos hoje, nesse espaço e tempo encarnados, é uma das mais densas existentes e esse fato gera uma consequência fundamental ao nosso tema: o plano existencial do Planeta Terra, que conhecemos e no qual vivemos nosso dia a dia, possui uma vibração tão densa que o nosso corpo espiritual não suportaria permanecer aqui por muito tempo.

Devido a este fato, é necessário que todos aqueles espíritos que forem destinados a vivenciar a Dimensão Humana, na paralela de encarnado, tenham um corpo com densidade energética maior do que a do corpo espiritual, afinal, a questão da materialidade e massa é simplesmente uma questão de densidade energética, como Einstein mesmo comprovou. Nesse sentido, a Criação Divina precisou densificar o campo energético dos encarnados na Dimensão Humana de tal forma que tivessem suma materialidade muito maior se comparada com a vibração e densificação dos corpos espirituais.

Essa massa energética densificada ganhou o nome de *corpo material*, que nada mais é do que uma espécie de âncora do espírito para que ele possa permanecer na faixa vibracional do Planeta Terra. Podemos perceber que a existência de uma vida física não é exatamente opcional: a fim de que se possam dar as condições necessárias ao espírito para que vivencie as experiências programadas nesta faixa e favoráveis à sua evolução, é preciso que ele encarne!

O fato desta faixa de vida ser mais densa do que as demais faz com que tudo que aqui existe repita essa densidade, tornando nossos sentimentos e emoções, que no fundo são nada mais do que energia, mais densos, ou seja: as emoções que envolvem os Seres Humanos são de densidade muito maior do que no plano espiritual. Isso explica a avalanche emocional que temos no decorrer de nossas vidas e até mesmo as nossas relações com o outro.

O fato de vivermos em meio a essa densidade emocional muito mais forte faz com que vivenciemos verdadeiros choques energéticos em pouquíssimo tempo: situações, fatos, problemas, soluções, desagrados e todo tipo de situação inusitada nos acontece num curto espaço de tempo; isso faz com que cada um de nós vivencie experiências tão intensas e distintas que aceleraram nosso processo de evolução.

Um exemplo simples é o casamento, pois não ouvimos falar que espíritos se casaram no plano espiritual. O casamento é uma realidade vivida pelo Ser Humano encarnado e é um dos meios de choque energético já que, se pararmos para pensar racionalmente, é o tipo de relacionamento que tem tudo para não ser uma ação sábia, pois se constitui tão somente em juntar duas pessoas que são diferentes, pensam de formas diferentes, entendem as coisas de formas diferentes, possuem personalidades diferentes, tem problemas diferentes... Racionalmente, tem tudo para não dar certo! Porém, o grande êxito de um casamento é justamente e em meio a tudo isso conseguir estabelecer uma convivência harmônica, pacífica, amorosa e de companheirismo entre os envolvidos! Isso sim é uma verdadeira experiência de vida e de amor.

Voltando à densidade energética de nossos corpos materiais, observamos que eles são programados para respeitar uma evolução progressiva, assim como a progressão evolucionista dos corpos espirituais; mais uma vez: o micro explica o macro. Porém, observamos também que, no decorrer do uso deste corpo, devido à exposição às energias densas e ao fato de ainda não sabermos lidar com determinadas cargas emocionais, acontece o desgaste dos mecanismos físicos - nossos corpos materiais como os conhecemos.

Como os estudos espiritualistas hoje em dia já apontam, o corpo físico foi feito para viver em abundância e saúde, e toda a doença manifestada fisicamente tem origem no campo energético e espiritual que, devido à densidade e negativismo de suas forças, danificam nossos campos e por consequência, nossos corpos, se transformando em doenças muitas vezes fatais.

Então, até aqui, podemos definir um conceito importante para o que veremos a seguir: os Seres Humanos são divididos, basicamente, entre encarnados e desencarnados. Os Seres que são designados a viverem sua experiência no plano dos encarnados, precisam de um corpo com maior densidade energética; no entanto, devido à exposição às energias dessa dimensão e plano, esse corpo se desgasta, ou seja, esse corpo é finito, logo essa experiência terá começo – o nascimento físico -, meio – o desenvolver da vida - e fim – a morte. Observamos, também, que essa vivência em meio à densidade energética intensificada nos propicia experiências com maior choque energético e emocional e isso causa o aceleramento da nossa evolução física e espiritual.

A partir destes conceitos, então, poderemos compreender como as evoluções sutis do espírito estão correlacionadas com a evolução do Ser Humano encar-

A EVOLUÇÃO DO SER ACOMPANHA A DO ESPÍRITO

nado – e vice-versa. Uma acontece independente da outra, mas favorecem-se simultaneamente.

Desde que nosso Universo foi criado, no que muitos chamam de Big Bang, há aproximadamente 14 bilhões de anos, iniciou-se uma grande escala de desenvolvimento, tanto do próprio Universo - uma vez que sabemos que nosso Universo continua em franca expansão, ou seja, em seu desabrochar evolutivo - quanto no desenvolvimento dos Seres. Sempre que falamos em androgenesia - o desenvolvimento moral, intelectual e físico dos Seres -, sob a ótica espiritualista não levamos em consideração a evolução física do Ser Humano encarnado, mas sim seu desenvolvimento espiritual, energético, a criação de seus chakras, o nascimento e progressão na vida. Ainda assim, sem mesmo percebermos, sob essa ótica estamos apenas falando do Ser Humano como o conhecemos atualmente. Ao mesmo tempo, como vimos, a constituição do *Homo sapiens* como a percebemos nos dias atuais só passou a existir por volta de 50 mil anos atrás e o Universo existe aproximadamente há 14 bilhões de anos, o que nos deixa uma lacuna para pensarmos, então, sobre o que foi criado durante este imenso intervalo. Afinal, quais Seres Espirituais eram criados e como eram criados?

O fato é que Seres Espirituais sempre existiram, é algo muito improvável conseguir falar da origem de tudo... Mas aqui é importante que se faça uma ressalva: quando digo "origem de tudo", não estou me referindo ao surgimento do nosso Universo. O "nosso" Universo tem cerca de 14 bilhões de anos, mas ele é apenas mais um entre tantos outros. Isso quer dizer que a força inicial expansora deste "nosso" Universo, o ponto inicial, a primeira partícula é o que chamamos "Deus": o regente e criador sim, mas o regente e criador "deste" Universo, ou seja: ele é realmente o criador de tudo... Tudo aquilo que nós conhecemos. Entenda isso como um convite ao raciocínio de uma forma mais ampla do que nós jamais havíamos pensado: haverá, então, outros deuses criadores de outros universos? Por ora, não irei me alongar com este tema, pois a proposta aqui é falarmos deste "nosso" Universo, então, nos concentremos nisso.

A expansão de um novo universo foi necessária para que se desse vazão a um grupo de novos Seres e espécies. Isso significa que os Seres que aqui habitam são completamente diferentes dos Seres que habitam outros universos. Com isso, podemos afirmar que há 14 bilhões de anos atrás se deu início a um projeto de *habitat energético* para novos Seres, entre eles, os Seres Humanos. Como tudo o que busca o aprimoramento e a perfeição precisa evoluir - como os bebês que nascem intelectualmente dependentes, de maneira básica e instintiva e com o tempo desenvolvem suas habilidades até que estejam prontos a viverem de forma mais livre, ca-

EM BUSCA DO ALÉM

pacitada e ideal - assim também ocorre para a nova espécie humana, afinal não podemos acreditar que os espíritos que habitam nossos corpos hoje são formados da mesma maneira que aqueles que habitavam os corpos dos homens das cavernas, por exemplo.

Ainda assim, ao contrário do que se pensa, o espírito não evoluiu em consonância com a evolução física dos Seres, mas sim na dimensão desencarnada, ou seja, em nível espiritual, e, muitas vezes, quando tentava se manifestar no plano encarnado, já não encontrava um corpo adequado a suas novas habilidades. Assim como já tivemos Seres carnais primários, também tivemos Seres Espirituais de instintos primitivos que, ao receberem choques energéticos no momento de sua encarnação física, passaram a moldar e evoluir seus intelectos.

Nesse período, as matérias disponibilizadas aos espíritos que encarnavam eram muito precárias e não davam condições para aqueles que galgavam um melhor entendimento de sua condição e evolução, que buscavam manifestarem suas novas habilidades e conhecimentos, inclusive, devido à baixa expectativa de vida física, não ofereciam o tempo suficiente para grandes experiências, já que, como todo recém-criado, a cada novo plano e dimensão, buscava aperfeiçoamento. Os corpos materiais dos chamados *hominídeos*, nossos ancestrais, eram tão precários que não aguentavam por muito tempo a exposição às energias densas do plano material da Terra e rapidamente sucumbiam e paravam de funcionar, ou seja, morriam.

Se não morriam de forma violenta, pois ainda não tinham habilidades para dominar o meio em que viviam, morriam por qualquer mau funcionamento, a que chamamos doenças. Obviamente, os Seres Espirituais regentes desse novo Universo percebiam a necessidade de desenvolverem um corpo material mais resistente e mais capaz de dar vazão às novas conquistas intelectuais das espécies que agora habitavam dimensões densas. A cada novo ciclo de Seres encarnados, aprimoramentos eram feitos, adaptações e mudanças eram criadas no DNA do Ser. Pequenas alterações que davam abertura a grandes e novas possibilidades para aquele corpo físico.

Podemos comparar esse processo com a tecnologia dos computadores: sempre que um novo sistema é lançado sabemos que suas versões iniciais podem apresentar diversas falhas; a partir daí são lançados complementos, atualizações e alterações que vão corrigindo as falhas de outrora e dando novas possibilidades ao sistema e às máquinas.

PENSANDO DESSA MANEIRA, O QUE SÃO NOSSOS CORPOS, AFINAL, SE NÃO MÁQUINAS EM USO POTENCIAL?

Uma das principais alterações sofridas nos corpos primitivos foi a capacidade de adaptação ao meio.

Capacidade essa que nos acompanha até hoje, pois sabemos que se impusermos novas condições de vida ao nosso corpo físico, com o passar do tempo ele se adaptará a elas, não excluindo a possibilidade, inclusive, de uma mudança natural em nosso DNA que dará origem a diferenças físicas e genéticas em nossos descendentes para que, a partir dali, o corpo melhor se adapte ao meio em que vive. Essa capacidade de adequação acontece com o campo energético também, pois quando existe a criação de um novo espírito, uma das etapas é sua constituição energética ou, melhor dizendo, a constituição dos chakras.

Como já vimos, existe uma dimensão na qual os espíritos recém-criados ficam ligados aos cordões energéticos da Criação até que seu corpo espiritual tenha capacidade de absorver por si só as energias universais, ou seja, até que tenha desenvolvido os chakras. Porém, a criação do Universo aconteceu conjuntamente à criação dos primeiros grupos de Seres Espirituais, ou seja: assim como tudo no Universo em sua criação, também a constituição energética dos corpos espirituais era primária aos primeiros Seres Espirituais que aqui foram criados. Com o aprimoramento dos corpos espirituais, e da nova constituição dos chakras, foi possível, então, a evolução dos corpos e do próprio humano encarnado.

Como veremos mais à frente, existem sete chakras magnos, que estão dispostos de forma alinhada ao eixo-central do nosso corpo, desde o chakra básico até o coronário. Essa constituição energética só é possível pois o Ser Humano tem postura ereta, é bípede. Na época de nossos ancestrais mais remotos, o corpo físico dos Seres Humanos não andava de forma ereta, o que evidencia, então, que também seus chakras possuíam constituição diferente, já que os chakras ficam localizados no nosso duplo etérico e este é uma cópia exata do nosso corpo material em outro plano e dimensão.

Muitas intervenções foram feitas junto aos humanos primitivos para que estes pudessem evoluir fisicamente, assim, dando abertura ao seu intelecto que continuava a progredir no plano espiritual. Hoje em dia, muitas vertentes dos estudos espiritualistas defendem que o Ser Humano moderno é uma mistura genética entre nós e alguma espécie de extraterrestre. Com base nessa teoria afirmam, então, que Adão e Eva não seriam os primeiros Seres criados por Deus, como podemos encontrar relatado na Bíblia, no livro de Gênesis, mas que seriam os primeiros humanos modernos, pós-alteração genética extraterrestre.

A hipótese de que Adão e Eva não foram os primeiros Seres a existirem como humanos encontra fundamentação se pensarmos nas descendências dos dois e no decorrer de toda a história bíblica, na qual repentinamente aparecem cidades totalmente povoadas sem maiores explicações. Partindo do princípio de que todas as pessoas deveriam ser filhos de Adão e Eva, como é que cidades inteiras foram povoadas à época de seus primeiros descendentes se eles tiveram apenas três filhos?

Quanto à teoria das interferências extraterrestres, eu sempre alerto para uma questão importante: toda e qualquer forma de vida que resida ou tenha sua origem fora do Planeta Terra é um extraterrestre. Partindo deste princípio, todos os Seres Espirituais, humanos ou não, que não estejam na condição e dimensão dos encarnados, são extraterrestres - incluindo todo o grupo que arquiteta e coordena os processos evolutivos dos Seres em qualquer dimensão.

Podemos, então, perceber que esta teoria e toda ideia da evolução do Ser tomando por base a visão espiritualista se encontra e se complementa, trazendo reflexões sobre aspectos da existência que estão à nossa volta, mas nos quais nem sempre prestamos atenção.

Com tudo isso, concluímos que o corpo físico não dita as regras da evolução, mas sim o espírito. Conforme ele evolui, o corpo precisa, então, se adequar para poder recebê-lo e dar-lhe possibilidade de manifestar toda sua capacidade no plano material, assim aconteceu, assim acontece e assim continuará acontecendo.

O PROCESSO DE REENCARNAÇÃO

Com todos os fatos apresentados até agora, já temos base suficiente para entendermos que a questão de vida e morte para o Ser Humano não é uma opção, mas uma consequência mediante a degradação física do corpo material frente à necessidade de continuação e evolução do espírito. Porém, as mentes mais curiosas poderiam pensar que caso a espiritualidade conseguisse produzir constituições físicas suficientemente resistentes aos impactos energéticos da dimensão encarnada, então, quem sabe um dia, fosse possível produzir um corpo eterno, que não se degradasse. Infelizmente essa ideia não é verdade, pois mesmo que fosse possível produzir um corpo físico que durasse eternamente, este feito não teria sentido, uma vez que a realidade do Ser acontece, de fato, na dimensão espiritual. É para lá que voltaremos a cada ciclo e é a partir de lá que, verdadeiramente, evoluiremos.

PRECISAMOS TER CONSCIÊNCIA DE QUE A "EXISTÊNCIA NORMAL" DO SER HUMANO É CONTINUAR EXERCENDO SUA HUMANIDADE NOS DEMAIS CAMPOS ALÉM DO PLANO E DIMENSÕES FÍSICOS.

Nossa passagem na dimensão encarnada é breve e assim tem que ser: um trânsito entre realidades para que a experiência possa ser válida. Por isso, não podemos deixar de considerar que o correto seria não precisarmos de um corpo, ou seja, não precisarmos de uma "nova vida" numa dimensão tão densa. A necessidade de um corpo mais denso se deu pelo fato das energias nessa dimensão serem tamanhas, que foi necessário aprimorá-lo e fortalecê-lo para suportá-la. Logo, não seria saudável permanecer num local onde você realmente não pertence. Pense em um peixe: se você tirar ele da água, ele irá se debater, pular, se esforçar para voltar para a água; seu instinto e sua constituição física gritam avisando que não importa onde ele esteja, ali não é seu lugar natural. Da mesma maneira acontece com nosso corpo quando fica muito tempo exposto a este plano encarnado, pois mesmo que não se tenha nenhuma crença que aponte um caminho espiritual após o desencarne, em dado momento da sua existência física e material, em alguma encarnação, suas células, seu corpo, seu espírito gritará a um retorno para casa, mesmo que você não entenda que casa é essa. Não é à toa que dizemos que a morte é a única certeza da vida.

AINDA QUE INCONSCIENTEMENTE, VOCÊ SABE QUE A ESTADIA NO PLANETA TERRA É TRANSITÓRIA E QUE, CEDO OU TARDE, PARTIRÁ.

Ter em mente que o plano natural da vida é o plano espiritual já nos dá a devida noção de brevidade que deve existir no Ser Humano enquanto encarnado. É preciso lembrar que, mesmo tendo novas experiências e tudo parecendo ser tão único, uma vez que nossa memória é decantada a cada nova encarnação, no fundo sabemos que viver encarnado não é novidade para nós, mas que assim o são as situações que a vida nos impõe e que, a partir delas, aprenderemos novas lições.

O desencarne é necessário e é parte fundamental de nosso aprendizado nesta dimensão, já que nos força ao desapego emocional. Porém, todas as nossas lições são tão contínuas que, sabendo que há um tempo curtíssimo para o espírito, seria impossível a um Ser alcançar sua plena evolução em apenas uma encarnação. Devido a isso, é necessário que encarne repetidamente, sempre carregando consigo aprendizados das vidas passadas. A memória exata de suas experiências é decantada, para que não interfira nas novas experiências, e isso reforça o choque energético em algumas situações, o que acelera ainda mais a evolução.

> AS MEMÓRIAS DAS ENCARNAÇÕES ANTERIORES NÃO SÃO CLARAS NO MENTAL DO SER DURANTE SUA ENCARNAÇÃO PRESENTE, MAS SEUS CONCEITOS, ENSINAMENTOS E MARCAS FICAM GUARDADOS EM CORPO ESPIRITUAL.

Estes ensinamentos - que não são exatos, mas que deixam sua lição gravada no espírito - formam o que chamamos de índole, uma espécie de sentimento moral que não é gerado pela criação, mas funciona a maior ligação do Ser encarnado com seu verdadeiro eu espiritual. Logo, podemos concluir que com a deterioração do corpo físico e a falta de tempo necessária para desenvolver todas as potencialidades de um Ser em nossa dimensão, é necessário que o Ser Humano espiritual se submeta a diversas novas experiências, com formatações diferentes, vidas diferentes, condições diferentes, para que possa realmente experimentar o maior número de situações possíveis a fim de que sua evolução atinja um nível no qual o plano existencial encarnado já não satisfaça suas necessidades evolucionistas e, a partir daí, não seja mais necessário reencarnar neste plano.

O ENCARNE E O DESENCARNE

Se olhássemos a vida como algo inédito, como uma única experiência, como uma vivência que acabará sem continuidade, então a própria vida não teria sentido. Viver pensando que a vida que vivemos atualmente é nossa única experiência e que, ao morrer, estará tudo acabado eternamente, põe em perspectiva a qualidade de vida da encarnação atual: não faria diferença viver com decência, ética ou moral; não faria diferença amar, ser gentil, espiritualizado ou, ao contrário, viver à margem da sociedade, roubar, enganar, usurpar, matar... Nada disso faria diferença, seriam temas diminutos, pois não importaria com que qualidade de vida você passaria seus dias, o destino seria o fim.

Agir assim, à margem da lei, não seria de todo prejudicial, nem de todo benéfico; o máximo de risco a que nos colocaríamos seria a perda da própria vida, o que já aconteceria cedo ou tarde de qualquer forma. Logo, não haveria sentido viver de forma a estabelecer um código de conduta ética, favorecendo o certo ou errado. Por outro lado, uma vida eterna em nível encarnado também de nada serviria, já que se esgotaria o impulso de viver, se esgotariam os objetivos de vida, e todos nos perceberíamos desejando a morte, pois a falta de perspectiva afetaria nosso equilíbrio emocional.

Imagine por um momento a vida eterna: primeiramente, teríamos problemas de alocação física, pois se ninguém morresse seria, também, necessário que ninguém mais nascesse ou, caso a morte não existisse, mas o nascimento sim, em poucos anos não teríamos espaço físico suficiente na dimensão física do Planeta Terra para acolher tantas pessoas.

Mas vamos deixar este problema logístico de lado e nos ater aos aspectos psicológicos... O que impulsiona o Ser Humano é a busca por seus objetivos: seja um jovem acadêmico em busca da sua formatura ou um pai buscando o melhor para seu filho, enfim, motivos e objetivos para seguir vivendo é o que não faltam, e o principal fator que nos faz persegui-los com força de vontade é, justamente, o entendimento da finitude.

Por mais que não pensemos nisso a todo instante, sabemos que possuímos um tempo limitado para buscar nossos objetivos e, portanto, antes de nascer, traçamos nossas prioridades. O grau de satisfação de nossos feitos se dá, muitas vezes, exatamente aí: no resultado da equação grau de dificuldade da conquista versus o tempo gasto para sua conquista. O tempo gasto buscando nossos objetivos tem caráter primordial justamente por sabermos que ele não será eterno, logo, se torna algo precioso em nossa passagem em Terra.

Se nossa existência fosse eterna, teríamos tempo, por exemplo, para chegar ao auge de nossa carreira profissional e isso já não seria algo especial, pois, comparando o tamanho do feito e o tempo dispendido para isso, não haveria vitória alguma, já que tendo todo o tempo do mundo à disposição, cedo ou tarde qualquer outra pessoa também alcançaria o auge. *"Mas isso nos daria a possibilidade então, de mudar nosso ramo profissional e traçar um novo caminho"*, alguém pode dizer. Porém, ao iniciar tudo novamente, depois de 30, 100 ou 200 anos, não importa quanto tempo, novamente atingiríamos o auge desse novo ramo e todo o desgosto se repetiria.

Com o tempo infinito se perde a noção de valor dos objetivos de vida, logo, se perde o desejo de viver, e com isso se perdem também as lições que aprenderíamos, fazendo com que a evolução do Ser se estagnasse. Percebemos ainda que os fatos que costumamos chamar de acaso na verdade são completamente explicáveis e entendíveis quando transcendemos a um objetivo maior. Digo isso porque sabemos que a deterioração do corpo se deve às energias densas do ambiente físico - e isso soa quase como que um acidente -, mas quando transcendemos nosso entendimento para uma compreensão espiritualmente mais ampla, entendemos que não há nenhum acidente: o corpo precisa se deteriorar para que a morte física acabe com o repetitismo da vida, acabando, assim, com as lições aprendidas na carne e permitindo que, a partir daí, reiniciemos o ciclo.

É necessário que se vivam e revivam momentos e situações em contextos diferentes, pois assim se experimentam as variadas emoções de diversas maneiras e, assim, mesmo as repetições nos parecerão inéditas. Quando se pensa que já se viu e se viveu tudo, morremos, e então - pouco tempo depois, nascemos num corpo todo novo, com um novo nome, uma nova nacionalidade, uma nova personalidade, que traz consigo traços de uma vida passada já não mais lembrada, mas que deixará suas marcas. Agora, o novo Ser irá encarar muitas vezes as mesmas situações, mas como é uma nova pessoa, em um novo corpo e inserida em um novo contexto, tomará diferentes atitudes, com novos conceitos de vida, assim trazendo um novo aprendizado. Por isso falo tanto que a vida é repleta de virgindades e ineditismos, pois mesmo que se tenham cinco vidas seguidas, nascidas no leito do mesmo rio, ainda assim serão cinco experiências diferentes, porque serão cinco mães diferentes, cinco ventres diferentes cinco corpos diferentes e cinco rios diferentes, já que a água que ali passa também já não será a mesma. É neste contexto que o Ser Humano passa a ser inserido nos ciclos de desencarne, para que esse ineditismo vivencial lhe tome por completo e possa trazer novas experiências até então não vividas e, como já sabemos, para que essas experiências, esses erros, essas alegrias, lhe façam evoluir.

Aqui, porém, uma observação: assim como foi dito que uma vida eterna na carne faria com que perdêssemos a motivação e significados da própria existência, por outro lado, pensar em nossas vidas como um eterno encarne e desencarne, um novo encarne e um novo desencarne e novamente um encarne e um desencarne, e assim para sempre, também não nos faria perder o sentido de evoluir na vida de agora? Para quê ter tanta dedicação em busca da evolução em uma vida, se ao final dela desencarnarei, e então, encarnarei novamente e começarei tudo outra vez?

Agora, você pode estar respondendo internamente que o motivo disso seria buscar ainda mais evolução. Correto, mas... Quando tudo isso teria um fim? Haveria, aí, um auge evolucionista? Ou nossa vida estaria fadada ao processo de encarnes e desencarnes sucessivos com o mesmo objetivo – ou sem nenhum? Penso que assumirmos o conceito de reencarnação eterna seria tão sem sentido à existência e evolução espiritual quanto viver encarnado por apenas uma vida ou ainda viver eternamente. Mais que isso: um ciclo reencarnatório perpétuo não faria jus à grandeza da Criação Divina.

Vimos anteriormente que a encarnação na dimensão física é um aceleramento da nossa evolução, ou seja, é um estágio onde um grupo de Seres Humanos tem o benefício de vivenciar experiências cotidianas, desalinhamentos emocionais e choques espirituais para potencializar sua evolução. O correto entendimento disso nos faz perceber que se possuímos o benefício de acelerar nossa evolução, é porque o objetivo final transcende a nossa existência neste plano dimensional. Mais objetivamente: quem evolui, evolui em direção a algo ou algum lugar. Isso nos mostra que a condição de sermos inseridos no processo reencarnatório-evolucionista se dá pelo fato de estarmos em direção a uma nova dimensão espiritual e este estágio atual nada mais é do que o preparatório para essa nova jornada. Então, assim como nossos processos de reencarnação tiveram um início, terão também um final, e esta vida, neste plano e nesta dimensão, é apenas um estágio evolucionista que deve ser aproveitado ao máximo para que, o quanto antes, estejamos preparados para a nossa elevação.

A BALANÇA DIVINA E O JUÍZO FINAL

O momento do desencarne é visto como grande tabu para a maior parte das pessoas. Pensar na morte ainda é algo que gera medo, o que não é de se estranhar: a morte é o símbolo máximo do desconhecido. Por mais que tenhamos inúmeras obras espiritualistas tratando do assunto, a morte não se revela de forma palpável e seus mistérios nunca são revelados a nós, encarnados. Ainda assim, a morte é o grande mistério da vida e, ao mesmo tempo, a grande benção: é ela quem dá significado à nossa existência, uma vez que tudo o que nós vivemos só ganha importância verdadeira porque sabemos que não é infinito e que, portanto, a possibilidade de usufruirmos da vida também não o é.

A maior parte da humanidade costuma pensar que o nascimento é superior à morte, pois ao nascer descobrimos um mundo todo novo, passamos a descobrir e a aproveitar os acontecimentos da encarnação. Porém, na maioria das vezes não percebemos que morrer também é acessar um novo mundo, também é descobrir um novo universo de situações e oportunidades, com uma vantagem: o mundo espiritual é o mundo da permanência, enquanto o material é impermanente.

ENCARNAR É COMO MORRER NO ESPÍRITO. DEIXAMOS NOSSOS COMPANHEIROS DO PLANO ESPIRITUAL PARA VIVERMOS A EXPERIÊNCIA DA VIDA. JÁ QUANDO MORREMOS, DEIXAMOS OS COMPANHEIROS DAQUI, MAS RENASCEMOS PARA O MUNDO ESPIRITUAL.

Ver as coisas dessa maneira nos permite encarar a morte como um desdobramento das maravilhas do

Universo; uma oportunidade de continuação da existência, agora em um novo mundo que se abre diante de nossos olhos espirituais e não como um grande abismo que nos separa dos entes queridos com os quais convivemos durante nossa encarnação. Ao invés de darmos ênfase ao o que nos separa, visemos o que nos une, afinal, à parte das amarras materiais, estamos todos em busca da evolução.

Dentre os principais medos e questionamentos que o Ser Humano enfrenta em relação à morte, a que mais nos perturba é a incerteza sobre para onde seremos destinados ao desencarnar. Cada tradição religiosa prega um destino diferente: algumas dizem que iremos ao paraíso eterno caso tenhamos sido boas pessoas, ou que passaremos nossa eternidade no inferno, caso tenhamos sido maus; outras creem que somos destinados à viver em colônias espirituais; outras pregam que estaremos em campos verdejantes com tudo o que mais gostamos; ou ainda, assumem que não iremos a lugar algum e que a vida é o que é: finita, como a conhecemos.

O fato é que é impossível relatar ou definir um padrão dos caminhos após a vida encarnada, pois assim como muitos dos nossos caminhos em vida, este destino após a matéria também é individual. Independente da tradição ou da crença, o que sabemos como ponto-comum em que todas elas concordam é que tudo no Universo é energia e, sendo energia, o estudo de como essas energias se atraem ou se afastam se faz urgente e necessário.

> **CADA ENERGIA EXISTENTE NO UNIVERSO POSSUI SEU PRÓPRIO PADRÃO VIBRACIONAL, PRODUZ E EXPANDE SEU PRÓPRIO CAMPO MAGNÉTICO QUE, DIFERENTE DAS LEIS DA FÍSICA TRADICIONAL, NO PLANO ESPIRITUAL ATRAI AQUILO QUE LHE É SEMELHANTE.**

Como veremos mais adiante em nosso estudo, as dimensões espirituais possuem diversos níveis vibracionais: positivos, negativos e neutros. Cada uma dessas faixas vibracionais possui uma densidade e um padrão distintos e cada Ser Espiritual, a depender do seu grau de evolução, se estabelece em uma dessas faixas, onde encontrará e experimentará ambientes, costumes, modos de ser e de pensar, enfim, tudo de acordo com a vibração da faixa em que estiver alocado naquele momento de sua jornada.

Da mesma maneira, ao desencarnar, cada espírito é destinado a uma dessas faixas vibracionais baseando-se nas energias que vivenciou e produziu durante sua última encarnação. Muitas pessoas acreditam que um dia passaremos pelo julgamento final, onde serão colocados na balança divina todos os seus atos; na verdade, o juízo final de que tanto se fala acontece no exato momento em que desencarnamos e o juiz não é um personagem externo designado pelas energias criadoras para nos avaliarem e sentenciarem: o veredito dessa balança acontece, justamente, pelo resultado das leis energéticas e das dinâmicas vibracionais que se atraem e se repulsam, semelhante com semelhante.

Diferente do que somos ensinados a imaginar e acreditar, a grande balança da justiça divina não irá avaliar nossas atitudes em vida, mas pesará os padrões energéticos que produzimos a cada ato e decisão vividas, cada energia e emoção externalizada, cada dor e cada afeto compartilhados. A cada uma dessas situações geramos um padrão vibracional positivo ou negativo que fica marcado em nosso campo energético. No momento do nosso desencarne, a balança divina simplesmente medirá qual padrão está mais presente, positivo ou negativo, e nisso chegará a uma espécie de "média energética". A partir dela é que seremos destinados a uma das faixas vibracionais da dimensão espiritual.

Portanto, o local para onde vamos ao desencarnar não é uma escolha, mas sim uma ação inexorável do Universo; uma resposta, uma reação às inúmeras ações, escolhas, caminhos e decisões que vivemos na Terra. Este é o verdadeiro juízo final de cada Ser em seu próprio processo evolutivo: julgado e sentenciado por si mesmo e suas energias, que não podem ser escondidas nem apagadas. Ainda assim, (e felizmente) essa sentença não é perpétua.

Ao sermos destinados às faixas vibracionais mais semelhantes à média energética vivida na última encarnação, teremos, então, a oportunidade de – na faixa vibracional da dimensão espiritual que nos cabe - aprendermos com nossos erros, acertos e experiências da carne. Após isso, teremos outras oportunidades de reencarnar e tentarmos novamente alcançar maior evolução, agindo melhor, construindo um padrão vibracional melhor para nós mesmos e, assim, sermos destinados a faixas mais elevadas no próximo desencarnar.

FELIPE CAMPOS

As Leis da Reencarnação

Quando falo sobre os objetivos da reencarnação, gosto de instigar um raciocínio: o primeiro ponto é entender o objetivo como um ponto de chegada. Se tudo que vivemos é preparação, baseado nos conhecimentos e aprimoramentos que adquirimos no processo evolutivo, pergunto: uma preparação para quê? Se estivermos preparando um cozinheiro para assumir um grande restaurante, teremos que prepará-lo nas habilidades da cozinha; se estivermos preparando um soldado para guerra, então deveremos prepará-lo nas artes da guerra, em tiro, corrida, precisão, armamento, curativos e condicionamento físico. Parafraseando Maquiavel: o fim justifica a preparação no meio.

Sempre faço um paralelo com os *trainees* das grandes companhias. Um *trainee* passa por estágios em todas as áreas da organização, com o objetivo de entender e aprender como funciona a empresa em todos os seus departamentos e para que, no futuro, ele esteja preparado e assuma uma posição de gestão e liderança dentro daquela organização. O processo de evolução do espírito passa por um caminho muito parecido, afinal, para onde e para quê tamanha preparação espiritual?

Muitos estudiosos espiritualistas afirmam que, ao ser criado, um espírito sai do núcleo de Deus carregando consigo sua partícula divina inicial, o que faz com que todos nós tenhamos Deus e sejamos Deus internamente, e que, após esse rompimento-criação, nosso principal objetivo seria retornar até Deus. Novamente faço uma provocação:

QUAL O SENTIDO DE SAIR DE UM LUGAR PARA, AO FINAL, TER POR OBJETIVO RETORNAR A ESTE MESMO LUGAR?

Muitos podem dizer que este objetivo é conhecer o restante da Criação, experimentá-la, senti-la... Tudo isso, todo este deleite, para ao final retornarmos sem qualquer motivo ao núcleo divino e lá permanecermos? Não seria isso um desperdício de potencial divino, nos puxar novamente para dentro de Deus, uma vez que adquirimos tanta experiência em sua própria Criação? Não seria melhor, então, desempenharmos algum papel, antes, durante ou depois da encarnação?

Acreditar que não há outro objetivo que não o deleite e a experimentação da Criação seria como pegar

EM BUSCA DO ALÉM

um jovem prestes a concluir seus estudos universitários, colocá-lo numa grande empresa, apresentar todas as áreas, treiná-lo em diversas funções, ensiná-lo diversos idiomas e, ao final de tudo isso, trancá-lo numa sala de aula eternamente. Não seria um desperdício de talento?

Assim como o objetivo de um *trainee* em uma empresa é aprender tudo sobre ela para que após isso possa gerenciá-la, o grande objetivo de nossa criação e evolução espiritual é passarmos por todas as dimensões iniciais, fatorais, essenciais e tantas outras, construirmos um corpo espiritual, vivenciarmos choques emocionais e sentimentais para que, com isso, estejamos preparados para tornarmo-nos Deus, gerenciando este ou ainda criando outros universos.

Nos estudos sobre a espiritualidade, quando citamos o retorno para Deus, não podemos em absoluto entender esta expressão de forma literal, como se fosse um retorno físico. Penso, inclusive, que isto seria o mesmo que acreditarmos que um filho, depois de criado, pudesse retornar para o útero de sua mãe. Aqui, mais uma vez o micro explica o macro: na criação humana, quando nascemos, somos exteriorizados do útero de nossas mães; saímos pelo mundo ganhando experiência, sabedoria, conhecimento; passamos por momentos difíceis, somos felizes, tristes, sofremos e atingimos nossas objetivos, tudo isso para que um dia também estejamos preparados para termos nossos próprios filhos e, então, repetirmos a função de nossos genitores. Simbolicamente, no momento que um Ser Humano se torna pai ou mãe, ele retorna a seus próprios pais, se iguala a seus progenitores. Assim também ocorre com o nosso retorno para Deus: um retorno em igualdade vibracional, não de localidade. Um retorno consciencial, assim chamado, pois, a partir deste momento, nossa consciência se expande como a de Deus e entendermos na prática o que na teoria nos explicava o mestre Jesus quando dizia que "todos nós somos Deus".

A reencarnação, um dos estágios evolucionistas, é, na verdade, mais uma dentre tantas possibilidades de evolução - todas buscando preparar o Ser para que ele desperte sua consciência divina e possa se igualar às vibrações de Deus que, assim como nossos pais, cria seus filhos para que um dia possam ser pais também. Nesse sentido, quando atingirmos um determinado nível de evolução a ponto de transcendermos a novas realidades, poderemos assumir papéis e funções de ordenação, sustentação ou condução deste Universo, ou poderemos, ainda, transcender a novos universos, como criadores ou mantenedores de realidades paralelas.

Nos capítulos anteriores discutimos o conceito de que vivemos em um universo dentre tantos outros e que o Deus que imaginamos como soberano é, na verdade, soberano apenas neste Universo, assim como existem outros deuses soberanos e criadores em outros universos. Haverá, então, uma energia que rege todos estes universos, e que pode ser considerada a criadora e sustentadora de todos eles? Talvez sim. Entretanto, se mesmo com milhares de anos de estudos e reflexões sobre a origem da vida não fomos capazes de chegar à compreensão final sobre o Deus criador do Universo em que estamos, creio que seria pretensão tentarmos definir e compreender um criador além Dele.

O fato é que o Universo como o conhecemos foi criado há cerca de 14 bilhões de anos, por uma Consciência Divina que tudo rege. Um dia, talvez, após nossa transcendência e elevação, poderemos também dar início a expansão ou criação do nosso próprio universo, assim como nosso Deus fez há 14 bilhões de anos – e este é, afinal, o objetivo maior da evolução espiritual. Mais que tudo isso, é importante frisar que no momento em que chegarmos a este nível de evolução perdemos nossas atribuições enquanto *Seres Humanos*, não seremos mais *individualizados*, mas sim *divinos*. O objetivo da evolução espiritual é, portanto, tornar-nos deuses, elevando-nos a uma grande consciência única que se conecta com tudo e todos os planos, dimensões e universos. Não teremos mais corpo físico ou espiritual, nem personalidade nem personagem existencial; a partir de então *seremos o todo*. Tornaremo-nos Alfa e Ômega, Ying e Yang, tudo e nada simultaneamente.

Os Arquitetos das Encarnações

Os Arquitetos das Encarnações são regentes universais que, em nossa maneira de ver e entender o mundo, poderíamos definir como um grupo multicultural e multidisciplinar no qual cada Ser que faz parte dele possui vivências muito peculiares. Podemos vê-los como um grande conselho que toma as decisões que interferirão no rumo da dimensão humana. Este grupo possui sua própria hierarquia, muito embora todos os membros deste grupo sejam espíritos de alto grau de evolução e equiparem-se em conhecimento e sabedoria.

Seria muita pretensão tentar falar de forma mais aprofundada sobre eles, mas posso dizer que seu regente principal possui um título honorífico que todos nós já ouvimos falar, mas talvez nem todos percebamos que se trata de um título e não de um nome próprio.

AO REGENTE PRINCIPAL DESTE GRUPO CHAMAMOS CRISTO UNIVERSAL.

Ao usarmos a palavra "Cristo" para denominá-lo, muitos lembraremos da figura de Jesus Cristo. Entretanto, ainda que esta obra não tenha por objetivo falar sobre a vida do mestre Jesus, cabe esclarecermos que "Cristo" não era seu sobrenome como muitos imaginam, mas sim seu título hierárquico espiritual.

Assim como os Seres Humanos entram na dimensão humana em grupos que passam um tempo nesta condição até sua evolução, os Arquitetos das Encarnações também têm sua própria evolução e fazem transições em suas regências, da mesma maneira com que estamos acostumados a ver nos poderes públicos e governos que organizam nossas sociedades. De acordo com nossos Mentores Espirituais, que inspiram e orientam todos os ensinamentos desta obra, cada grupo de Arquitetos permanece na regência da dimensão humana em torno de 2.000 a 2.500 anos, o que nos indica que cada geração de humanos que entra neste ciclo é regida por dois a quatro grupos distintos de Arquitetos das Encarnações durante sua passagem por esta dimensão. Como falado anteriormente, este grupo possui diversas responsabilidades e, para melhor compreendermos isto, basta pensarmos em seu grande e real objetivo: garantir que toda a raça humana evolua e possa transcender espiritualmente a cada geração. Para isso, este grupo deverá, então, coordenar diversos planos existenciais e interagir com a raça humana de diversas formas.

Sabemos que a raça humana se divide entre dois grupos: os encarnados e os desencarnados; porém, a responsabilidade dos Arquitetos das Encarnações não se dá apenas com um ou com outro grupo, mas sim com toda a espécie humana, encarnada ou não. Não é possível precisar quantos espíritos humanos existem - de acordo com nossos estudos há bilhões deles -, mas como grupo humano todos precisam transcender espiritualmente de maneira conjunta, pois fazem parte da mesma geração. Também sabemos que estar na dimensão encarnada acelera o processo de evolução através das experiências adquiridas e choques emocionais vividos a cada reencarnação. Nesse sentido, o grupo de Arquitetos usa essas encarnações como veículo de evolução em massa.

Entretanto, tal tarefa deve ser conduzida com cuidado, afinal, até mesmo o número de Seres que poderão passar por esta experiência de uma só vez precisa ser calculado, já que a Terra na dimensão material possui limitações quanto a sua área geográfica e seria impossível colocar todos os espíritos humanos para encarnarem ao mesmo tempo, dividindo os mesmos recursos e espaços físicos. Assim, dispondo da responsabilidade de organizar as encarnações, este grupo separa as gerações de espíritos para que cada um a seu tempo tenha a experiência na carne a dê um salto à frente em seu processo evolutivo - ou um salto atrás.

Isso tudo, em teoria, pode parecer tarefa fácil a alguém acostumado com rotinas administrativas, por exemplo. Na prática, entretanto, há pontos sensíveis que precisam ser observados com cautela por esses Arquitetos. Ao enviar num mesmo grupo uma grande quantidade de espíritos de baixo nível evolutivo para encarnar, eles devem primeiro atentar que, por se tratarem de espíritos ligados aos seus instintos mais primitivos, também como encarnados manterão essas características. Trazendo essa reflexão para o plano do real, isso geraria um grave impacto em nossa sociedade, como o aumento da violência e o crescimento da criminalidade, por exemplo - atitudes características de Seres com baixo nível de evolução. Ainda assim, nenhum de nós, encarnados, deverá julgar a estes irmãos, pois não podemos nunca esquecer que se hoje não cometemos estes atos é porque um dia atingimos determinado nível de evolução que não mais permitiu que nosso espírito tomasse parte dessas ações. Ainda assim, estejamos certos de que todos nós, em algum momento de nossa existência espiritual, também fomos tão ou mais cruéis do que todos estes a quem hoje apontamos o dedo e já cometemos todo tipo de brutalidade e crime por conta de nossa baixíssima evolução.

Nós - que estamos vivendo uma de nossas experiências carnais neste exato momento - sabemos o quanto a humanidade precisa evoluir, pois nosso planeta ainda é reduto de Seres muito ligados aos instintos materiais e pouco ligados aos espirituais. Porém, viver em um mundo de materialismo é necessário, pois só assim estes espíritos que hoje estão encarnados poderão viver as experiências necessárias na matéria e um dia, finalmente, perceberão que a vida real é aquela que segue no espírito. Poderão, então, compreender que o materialismo nada mais é do que uma fase necessária ao espírito, mas que a evolução se dá quando a racionalidade se sobrepõe ao instinto.

Por tudo isso, algumas pessoas podem questionar: por que, então, estes Arquitetos das Encarnações não colocam apenas espíritos evoluídos para encarnarem na Terra, assim criando quase que um Jardim do Éden para vivermos em paz, tranquilidade e graça? Ora, a resposta é óbvia: qual seria a vantagem em se fazer isso quando o grande objetivo destes Arquitetos é, justamente, dar base para que todos os espíritos dessa dimensão evoluam em conjunto e abram caminho para os novos grupos que estão por vir? Com certeza seria uma vivência muito confortável e prazerosa para todos aqueles que fossem escolhidos para viver neste mundo, mas e quanto aos nossos irmãos que ainda não tiveram as mesmas oportunidades de evolução que nós? Como se daria a evolução deles? Os deixaríamos para trás enquanto buscamos nossa transição espiritual? A resposta positiva a qualquer uma destas últimas duas perguntas já mostraria que não estamos tão evoluídos quanto pensamos, pois por egoísmo deixaríamos nossos irmãos para trás e, no final, perceberíamos que de nada valeria, uma vez que a verdadeira evolução da humanidade acontece apenas em grupo.

Com esses conceitos expostos, podemos até entender e aceitar a necessidade destes espíritos de menor evolução conviverem conosco na Terra, mas ainda não é tão simples assim. Caso seja alocado um número muito grande desses espíritos, correremos um grande risco, uma vez que aqueles que estão indo bem em sua caminhada espiritual e já possuem um nível de evolução que não os permite agir de forma instintiva, ao verem tantos outros agindo assim, poderão ser influenciados ou sentirem-se forçados pela opressão da violência, *involuindo* e passando a agir de forma instintiva novamente. Caso isso acontecesse, mais que o problema da involução destes espíritos, esta seria uma grande derrota para os

Arquitetos das Encarnações, que perderiam duplamente, prejudicando o processo no individual e no coletivo.

Para que este fato não aconteça ou que seja, ao menos, minimizado, estes Arquitetos tomam algumas decisões a fim de contrabalancear a influência dos espíritos de baixa evolução que encarnam na Terra. Uma destas decisões é enviar um número maior de espíritos de nível espiritual mais elevado para a Terra naquela geração - chamados *médiuns*, que por consequência de seus graus evolutivos nascem com dons no espírito.

É muito importante que estes espíritos mais evoluídos assumam, portanto, sua missão e desenvolvam a capacidade de intermediação entre os planos espirituais energéticos e os planos materiais. Sabemos da máxima que diz que semelhante atrai semelhante; por isso, quando um grande número de espíritos de baixa vibração espiritual está em Terra, ele também atrai um grande número de Seres Espirituais que vibram em nível semelhante, ou seja, acabam funcionando como portais para entrada de espíritos negativos. A permanência de espíritos negativos nos meios humanos encarnados é extremamente preocupante, pois pode influenciar ainda mais os Seres encarnados a tomarem atitudes negativas através das chamadas obsessões e possessões. Para contrapor isso é necessário que os *médiuns* encarnados se tornem portais para os espíritos de vibração e evolução positiva, para que estes atuem na defesa da humanidade e sirvam de fonte de sabedoria a nós, motivando a permanecermos no caminho da evolução.

É de uma responsabilidade muito grande decidir quais Seres encarnarão, em qual tempo, e qual nível evolucionista terá a Terra a cada geração. Se enviarem apenas Seres positivos, não haverá evolução, apenas estagnação; se enviarem muitos Seres negativos, só haverá guerra; caso misturem os dois, mas coloquem muitos Seres negativos, correm o risco de Seres que já estão com uma evolução avançada retrocederem (o que, em menor escala, já acontece nos dias de hoje com tanta violência). Consegue perceber quão complexa é a tarefa dos Arquitetos das Encarnações e como até os menores detalhes precisam ser cuidadosamente pensados?

Outra grande decisão tomada por estes Arquitetos é programar a chegada de Espíritos Missionários - Seres que já atingiram um nível de evolução no qual não é mais necessário encarnar, atuando para ajudar os que ainda estamos nesta jornada, reencarando para servirm de exemplo aos demais.

OS ESPÍRITOS MISSIONÁRIOS SÃO SERES EXCEPCIONAIS AOS NOSSOS PADRÕES: DE EXTREMA BONDADE, DEIXAM CLARO POR TODA A VIDA MATERIAL QUE SUA MISSÃO NA TERRA NÃO É INDIVIDUAL, MAS COLETIVA; NÃO BUSCAM MAIS A EVOLUÇÃO, MAS FAVORECEM A EVOLUÇÃO DO PRÓXIMO.

Exemplos desses Espíritos Missionários são: Chico Xavier, Dalai Lama, Gandhi, Buda e até mesmo o grande mestre Jesus Cristo, que mesmo hoje sendo Arquiteto das Encarnações, já teve sua encarnação material para servir de exemplo a toda a humanidade. É claro que houve outros Missionários além dos citados, cada qual com sua importância e seu trabalho em diversas vertentes das linhas de pensamento humano e espiritualista. Sempre digo que um não foi mais importante do que o outro; ao contrário, cada um teve sua carga de responsabilidade e, a seu modo, serviu de exemplo a nossa espécie. A necessidade da encarnação de Espíritos Missionários se dá, na maioria das vezes, pela avaliação da média global de evolução da nossa dimensão, que veremos um pouco mais adiante. Baseados nesta média é que os Arquitetos das Encarnações planejam quantos Seres irão encarnar, sob quais circunstâncias, e quais eventos acontecerão para o desenvolvimento consciencial destes Seres. Acima de todas as outras, esta é uma tarefa muito difícil e que merece todo nosso respeito; mestre Jesus desempenhou e desempenha até hoje papel fundamental neste processo.

O AGRUPAMENTO DOS SERES

Em todos meus anos de trabalho espiritual, sempre percebi e ensinei a tratarmos o Ser Humano por sua individualidade, ou seja, como uma partícula individual e independente no Universo, auto-responsável por seu crescimento e sua evolução. Cada um de nós carrega em si a capacidade e a possibilidade de atingir níveis superiores de consciência e, assim, transcender. Realizar essa possibilidade, tornando-a realidade, é uma escolha individual.

Porém, sob a ótica dos Arquitetos das Encarnações, o Ser deixa de ser visto como indivíduo e passa a ser visto como coletivo. Como discutimos anteriormente, desde a primeira encarnação do primeiro espírito há centenas de milhares de anos, o corpo físico evolui *porque* o corpo espiritual evolui, o material adequa-se para receber em si o sutil. Mas... Onde estará, então, o primeiro espírito que encarnou no primeiro hominídeo?

Seria impossível tentar rastrear o primeiro espírito humano a habitar um corpo material nesta dimensão, ainda mais se pensarmos que a relação de tempo entre nossa dimensão física e a dimensão espiritual são completamente diferentes. Se para nós, na carne, sua origem data de tão longe que inviabilizaria qualquer rastreamento, imagine se pensarmos isso em termos de espiritualidade, na qual não é possível precisar em tempo cronológico há quanto tempo essa encarnação ocorreu. Ainda assim, podemos assumir que este espírito - assim como todos que entram neste plano material - teve outras encarnações depois da primeira. Seguindo a lógica reencarnacionista, é possível afirmar, inclusive, que este primeiro espírito poderia hoje estar entre nós, vivenciando mais uma de seus ciclos reencarnatórios.

EM BUSCA DO ALÉM

Para que este conceito fique mais claro precisamos, por um instante, deixar de pensar na humanidade como o agrupamento de Seres individuais e começarmos a pensar nela como os Arquitetos da Encarnação: coletivamente, como um grande grupo. Quando se enviam Seres Humanos para encarnarem nesta dimensão da vida, eles não são enviados um a um, de maneira individual, mas sim os alocando em grandes grupos com diversos Seres. Por exemplo: hoje temos pouco mais de 7 bilhões de Seres Humanos encarnados, mais um número incalculável de desencarnados; a soma destes dois grandes conjuntos é, portanto, o grupo que *está sendo* humano neste momento - e este é, realmente, *um momento*. Este grupo, como dito, está apenas *sendo* humano, ou seja, ele terá fim, deixará de ser. Chegará o dia em que todos neste grupo não mais serão humanos e caminharão por outras dimensões em suas jornadas de evolução espiritual.

Quando este grupo, como um todo, atinge um nível médio de evolução que o credencie a ascender aos níveis espirituais superiores, então ele sai da dimensão humana e transita para um próximo estágio evolutivo. Ao mesmo tempo, um novo grupo de Seres é direcionado para a dimensão humana, tornando-se novos Seres Humanos. De acordo com os ensinamentos de nossos Mentores Espirituais, o tempo que cada grupo permanece na dimensão humana gira em torno de 5 a 10 mil anos. Este é o tempo aproximado para que o grupo de serem encarnados e desencarnados *neste momento* atinja um nível médio de evolução e, então, ascenda para as novas dimensões. Isso nos faz pensar que, considerando que o Ser Humano habita o Planeta Terra há cerca de 50 mil anos, somos algo em torno da sexta ou sétima geração de Seres Humanos. Com isso, podemos concluir que aquele primeiro espírito humano que habitou a Terra não tem mais experiências na carne e hoje já habita outras dimensões que não a humana, assim como todo aquele grupo que o acompanhou também não mais existe em nossa dimensão.

Por isso os Arquitetos das Encarnações não olham a humanidade de maneira individual. Sua obrigação é dar base para que a humanidade, como um todo, evolua e faça sua transição consciencial aos novos planos. Ainda assim, isso não significa que um Ser Humano não possa fazer sua transição para uma nova dimensão individualmente, caso atinja a evolução necessária para tanto. Por isso, a cada um de nós cabe assumir a responsabilidade por si e buscar a própria evolução a cada oportunidade.

Existe uma frase muito conhecida que diz que a melhor maneira de mudarmos o mundo é mudarmos a nós mesmos. Essa frase ensina, justamente, como cada um nós, trabalhando individualmente, pode contribuir com o coletivo. Esta máxima também se aplica ao nosso estudo, pois se cada Ser Humano fizer o seu melhor em busca da sua própria evolução, atingiremos mais rapidamente a média global para termos acesso às dimensões superiores. Vivendo dessa maneira, contribuímos simultaneamente com nossa própria caminhada, com a caminhada de nossos irmãos e ainda colaboramos com o trabalho dos Arquitetos das Encarnações, que já possuem grandes responsabilidades em suas mãos.

A MÉDIA GLOBAL EVOLUCIONISTA

Lançar-me ao desafio de estudar e entender o que era a média global evolucionista da qual meus Mentores tanto falavam me fez entrar por diversas vezes em debates e discussões sobre o tema e, em uma dessas vezes, um aluno que é grande conhecedor da Bíblia me disse que a maneira como a média global evolucionista funciona o teria feito entender perfeitamente a Parábola da Última Hora, na qual Jesus narra uma situação mostrando as vantagens individuais de um trabalho coletivo. Tal parábola está descrita no livro de Mateus 20:1-16:

> *"Pois o reino dos céus é semelhante a um proprietário, que saiu de madrugada a assalariar trabalhadores para a sua vinha.*
>
> *Feito com os trabalhadores o ajuste de um denário por dia, mandou-os para a sua vinha.*
>
> *Tendo saído cerca da hora terceira, viu estarem outros na praça desocupados, e disse-lhes: ide também vós para a minha vinha e vos darei o que for justo. Eles foram.*

Saiu outra vez cerca da hora sexta e da nona, e fez o mesmo.

Cerca da undécima, saiu e achou outros que lá estavam, e perguntou-lhes: por que estais aqui todo o dia desocupados?

Responderam-lhe: porque ninguém nos assalariou. Disse-lhes: ide também vós para a minha vinha.

À tarde, disse o dono da vinha ao seu administrador: chama os trabalhadores e paga-lhes o salário, começando pelos últimos e acabando pelos primeiros.

Tendo chegado os que tinham sido assalariados cerca da undécima hora, receberam um denário cada um.

Vindo os primeiros, pensavam que haviam de receber mais; porém receberam igualmente um denário cada um.

Ao receberem-no, murmuravam contra o proprietário, alegando: estes últimos trabalharam somente uma hora, e os igualaste a nós, que suportamos o peso do dia e o calor extremo.

Mas o proprietário disse a um deles: meu amigo, não te faço injustiça; não ajustaste comigo um denário?

Toma o que é teu e vai-te embora; pois quero dar a este último tanto como a ti.

Não me é lícito fazer o que me apraz do que é meu? Acaso o teu olho é mau, porque eu sou bom.

Assim os últimos serão primeiros e os primeiros serão últimos."

Com essa parábola, Jesus ensina que não importa quem começou o trabalho, quem entrou no meio ou quem o finalizou: o mais importante de tudo é a realização da grande obra e, uma vez que ela esteja terminada, todos tem importância igual na sua construção.

Todos nós possuímos nossas missões individuais para as encarnações, mas por trás de tudo isso existe um grande plano maior, no qual cada um possui seu papel, não importando quem ajudou mais ou menos. Todo e qualquer papel nesta missão é importante e não é relevante o tamanho dos papéis, pois quando se compreende a importância da colaboração coletiva, se percebe que sem a menor parte a obra continuaria incompleta. Isso é uma verdadeira lição de humildade e simplicidade que o mestre Jesus nos impõe e, nas entrelinhas, nos faz perceber que o papel de todos nós aqui é muito mais importante do que imaginamos.

Já foi dito anteriormente que o principal objetivo da vida é evoluir e sair da dimensão humana. Também foi falado que os Seres Humanos que hoje vivem nesta dimensão fazem parte de um grupo maior e que este grupo possui um prazo para desenvolvimento e evolução, a fim de passarem a novos planos e dar espaço para que um novo grupo de Seres Humanos entre nesta dimensão e comecem a ter suas experiências na Terra. Hoje somos mais de sete bilhões de Seres Humanos encarnados, somados aos desencarnados vivendo na dimensão espiritual humana, e todos nós fazemos parte de um mesmo grupo, do mesmo time. Este time, porém, traz em si espíritos muito evoluídos e outros nem um pouco evoluídos; no final das contas, para que o grupo possa evoluir e avançar em conjunto, a evolução de cada um de nós é importante e se somará, de pouco ou de muito, ao resultado final.

QUANDO OLHAMOS
AS ENCARNAÇÕES SOB UMA ÓTICA
INDIVIDUALISTA, ASSUMINDO
QUE CUIDAR APENAS DA NOSSA
PRÓPRIA EVOLUÇÃO BASTA,
ISSO PODE PARECER
UM TANTO QUANTO EGOÍSTA,
MAS NA VERDADE NÃO É!

Ao se preocupar unicamente com sua evolução, ainda assim você estará fazendo sua parte para ajudar o grupo. Por esse motivo, seja pensando no individual, seja pensando no coletivo, é fundamental que cada um de nós busque a evolução do espírito: assim estaremos nos ajudando individualmente ao mesmo tempo em que ajudamos à espécie humana como um todo.

AS FAIXAS VIBRACIONAIS DE EVOLUÇÃO

A dimensão humana é dividida por diversas faixas vibracionais, a partir do que cada faixa se torna uma dimensão diferente, que acolhe os Seres que vibram de maneira semelhante. Essas faixas são divididas em sete dimensões negativas, sete dimensões positivas e uma faixa neutra. A faixa neutra é o plano encarnado material onde estamos agora. Sempre que encarnamos vamos para a faixa neutra, não importando onde estão nossas origens energéticas: o plano zero é o plano material do Planeta Terra.

Quando começamos a encarnar pelas primeiras vezes, nossos espíritos ainda são primitivos, sem evolução e sel experiência vivencial alguma, logo, somos atraídos pelas faixas negativas e, por estarmos no auge da nossa involução, somos alocados na sétima faixa vibracional negativa. No processo de encarnação, nosso Ser se desloca para a faixa zero, o plano material, onde durante toda a nossa vivência encarnada passaremos e vivenciaremos situações diversas que nos colocarão à prova, nos testarão, nos farão sofrer, ter alegrias, enfim, vão gerar os mais diversos impactos energéticos em nosso corpo espiritual.

Toda essa carga de experiência é o que vai nos permitir evoluir, nos ensinar; isso quer dizer que nosso espírito passará, então, a vibrar uma energia diferente do que quando encarnou.

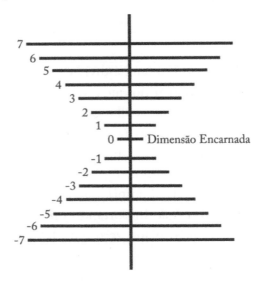

Fig. 1: As faixas vibracionais positivas e negativas do Plano Espiritual

A imagem acima representa de maneira mais fácil a o entendimento como funcionam as faixas vibracionais. Nela, podemos perceber que a evolução de todos nós respeita uma ascensão ordenada, como que se realmente galgássemos uma escadaria com o objetivo de chegar ao topo. Agora, vamos supor que pouco antes deste Ser desencarnar o seu campo espiritual, devido às lições da vida, estivesse vibrando num padrão compatível com o sexto plano negativo, pois ele ainda tem muito que aprender e evoluir, continua preso às emoções e vícios do corpo físico. Quando de fato desencarnar, ele não será mais destinado à sétima faixa negativa, pois seu campo não vibra mais de forma compatível com ele; a partir de agora, será automaticamente destinado à sexta faixa vibracional negativa. Nesta nova fase, ele irá aprender da melhor maneira possível sobre suas faltas e seus erros, passará pelo mesmo sofrimento que impôs às demais pessoas quando encarnado, receberá as bases de cunho doutrinário para que não volte a cometer os mesmos erros. Ao reencarnar, este espírito volta ao plano zero e passará por mais uma existência física.

Seguindo nosso raciocínio, vamos supor que desta vez este Ser tenha uma vida muito proveitosa, na qual aprendeu e conseguiu elevar seu campo energético a um padrão semelhante ao da segunda faixa negativa. Este espírito, quando desencarnar, terá dado um grande salto em sua evolução, pois sairá para a carne estando na sexta faixa de vibração e em uma encarnação terá pulado diretamente para a segunda. Isso é possível? SIM!

DEPENDENDO DA VIDA
QUE TIVERMOS NA TERRA, DOS
ENTENDIMENTOS, DAS LIÇÕES
E PRINCIPALMENTE DE COMO
ASSIMILARMOS CADA UMA ELAS,
PODEREMOS PULAR ESTÁGIOS
E SERMOS DIRECIONADOS
DIRETAMENTE PARA UMA

DIMENSÃO VIBRACIONAL MAIS ADEQUADA À NOSSA REALIDADE ESPIRITUAL, DE MANEIRA NÃO SEQUENCIAL.

Da mesma maneira, devido ao Ser Humano ser uma espécie ligada e movida por seus aspectos emocionais e, durante nossas vidas, sermos constantemente chocados com descargas emocionais que acabam gerando traumas, por vezes sucumbimos aos impulsos do desejo e acabamos cometendo grandes erros em nossas experiências carnais – o que, ao invés de acelerar o processo e permitir que pulemos etapas e faixas, pode fazer com que retrocedamos e sejamos destinados a faixas pelas quais já tínhamos passado. Estes erros, porém, não devem ser vistos como "pecados", seu conceito é muito diferente, e também não devem ser visto como algo horrível e hediondo, afinal, graças a todos os nossos erros (ou melhor, pelo aprendizado que obtemos através deles) é que poderemos evoluir.

Cada atitude negativa tomada ao cedermos aos nossos impulsos emocionais, gera como resultado - como reação à nossa ação - um campo energético denso que fica impregnado em nosso corpo espiritual. Isso faz com que nosso campo se torne mais denso e nosso padrão espiritual - que vinha em ascensão -, comece a ganhar uma densidade tamanha que poderá significar um atraso na caminhada evolutiva. Neste caso, quando este Ser desencarnar novamente, devido a uma vida

EM BUSCA DO ALÉM

dando vazão a seus impulsos, ele poderá ter feito com que seu corpo espiritual atinja um padrão vibracional equivalente com a quarta faixa vibratória negativa, por exemplo; então, no desencarne, ele irá para esta quarta faixa, vivenciando uma regressão – uma involução -, uma vez que já havia alcançado a segunda faixa vibracional negativa.

A maioria das pessoas evita pensar sobre a possiblidade de involuir, preferindo acreditar que toda ação visa exclusivamente o avanço. Este pensamento não está errado, com certeza o grande objetivo de nossas vidas é a evolução e todas as energias divinas que cruzam conosco trazem ensinamentos que colaboram para isso! Porém, a regressão não é necessariamente um ato contra a evolução, mas sim a favor dela, uma vez que permitirá vivenciarmos e aprendermos com o erro para não repeti-lo, dando bases para que, nas próximas encarnações, cresçamos de maneira sustentável. Quando um Ser tem uma vivência voltada a extravasar seus impulsos instintivos e acaba retornando a uma dimensão anterior a que estava, essa é, justamente, uma oportunidade para que aprenda as lições que até então não soube colocar em prática. O retorno é simplesmente um ato para melhor adequação entre as lições impostas e a aprendizagem do Ser.

Quando o espírito atingir a primeira faixa vibracional positiva, começará então uma jornada de aprendizados mais transcendentais, que passam, então, a ensinar-lhe lições sobre a convivência com o próximo. A essa altura, geralmente, este ainda é um espírito que não terá grande vivência espiritual na Terra, pois permanece bastante ligado à matéria. Ainda assim, ao atingir essa faixa vibratória, nascerá e se desenvolverá com boa índole e poucas chances de ultrapassar sua moral e ética para obter vantagens, tornando-se uma pessoa que acredita que os meios nem sempre justificam os fins. É claro que este Ser não estará livre de suas paixões e poderá, ainda, experimentar novamente o sabor da regressão vibracional. Encarnar nunca é um jogo fácil e muito menos garantido: mesmo tento atingido um alto grau de evolução, quando você aceita encarnar, aceita entrar em um jogo; quando você abre o olho no mundo material, se dá conta de que não se recorda mais das regras da última partida e, logo, corre o risco de perder. Ainda assim, conforme você vai galgando novos caminhos e novas possibilidades na vida espiritual, novas lições e ensinamentos vão sendo adquiridas e suas missões e objetivos na Terra começam a ser mais refinados.

Quando atingimos a quinta faixa vibracional positiva os Arquitetos das Encarnações nos informam, então, que o encarne na Terra deixa de ser uma das principais alternativas para nossa evolução e é solicitado que não mais encarnemos, dando oportunidades a outros irmãos necessitados das experiências na Terra. Porém, hora ou outra ainda é possível que Seres que estão da quinta faixa vibracional positiva para cima ainda reencarnem; quando isso acontece chamamos a estes espíritos de Espíritos Missionários.

EM BUSCA DO ALÉM

Como já vimos, a encarnação destes Missionários é cuidadosamente planejada e acompanhada pelos Arquitetos, pois estes espíritos são usados por eles para conseguir efeitos evolutivos em massa. Sempre que a Terra se encontra com energias muito densas, falta de valores morais e decadência evolutiva, Espíritos Missionários passam a encarnar com mais frequência, mostrando novos valores, reforçando a fé e servindo de exemplo à humanidade encarnada para que tenhamos ganhos em evolução.

Não tenho autorização ou informações suficientes para revelar aqui a faixa vibracional na qual a humanidade se encontra atualmente. De qualquer maneira, posso afirmar que ainda estamos nas faixas mais negativas, o que não é difícil perceber quando prestamos atenção no planeta e na humanidade hoje em dia. Não vivemos tempos seguros: a violência, a vingança, a maldade se mostra a cada dia. Preste atenção nos tipos de filmes, assuntos, programas de televisão dos quais as pessoas mais gostam: é fácil concluir que seus interesses ainda estão muito ligados aos instintos; é sempre sangue, briga, morte, sexo, drogas, enfim, assuntos ligados a nossos impulsos mais irracionais e instintivos; não precisa muito para percebermos em que nível estamos.

Ainda vai demorar para que todos consigam subir esta média, mas quando finalmente atingirmos a quinta faixa positiva, a humanidade inteira ganhará a oportunidade de passar para uma nova dimensão de evolução, ao que chamamos Dimensão Celestial. Este processo de transição dimensional é a própria energia que o planeta emitirá quando a maior parte dos Seres Humanos escolher conscientemente viver de maneira positiva, que será tão grande e transformadora que mudará consciencialmente todos os Seres que estiverem expostos a ela, encarnados ou desencarnados.

Todo esse conhecimento nos faz ver que, na verdade, cada um de nós - sejam os Seres encarnados, sejam nossos Mentores Espirituais que estão nos planos acima -, somos apenas pequenas partes de uma missão e um projeto muito maior do que cada um de nós, no qual mesmo atuando individualmente colaboramos para o coletivo. Se, afinal, cada um buscar verdadeiramente evoluir, estaremos juntos aumentando a média global evolucionista do nosso planeta. Assim, estaremos ajudando a todos os nossos irmãos Seres Humanos – encarnados, desencarnados e ainda por vir - para que possamos galgar novos graus de evolução até a transcendência celestial.

A PRIMEIRA ENCARNAÇÃO

Quando falamos em primeira encarnação não estamos falando apenas da primeira experiência do espírito num corpo carnal, mas sim de um espírito recémtornado humano – ou seja, recém-chegado à Dimensão Humana. Já sabemos que o único Ser que precisa de um corpo com tamanha densidade energética é o Ser Humano encarnado, logo, entendemos que os demais Seres vivem em dimensões energéticas mais diluídas e também que existem outros Seres além dos humanos.

Um espírito, para poder ser encarnado, precisa antes de tudo ser um espírito humano. Entretanto, um espírito não nasce humano, ele é puramente um Ser Espiritual. É a jornada de evolução desse espírito que irá determinar quais dimensões da vida melhor se adequam a ele, sendo uma dessas possíveis realidades dimensionais a Dimensão Humana. Somente ao adentrála é que, então, o espírito poderá ser chamado de humano.

Pensando assim, um espírito que chega aqui pela primeira vez ainda não vivenciou grandes choques emocionais, o que faz com que seu campo energético seja muito sutil e isso irá se refletir em sua personalidade encarnada. Dentro da espiritualidade, nós sempre aprendemos que o que molda nossa índole são, justamente, as experiências das vidas passadas. O que acontece, então, com um Ser que acaba de chegar aqui e, portanto, nunca teve vida passada no sentido reencarnacionista?

Esse espírito pode ser visto como uma pedra bruta, emocionalmente falando. Em primeira instância, ele não terá definido seus limites e formas éticas, morais, conscienciais, pois ainda não teve possibilidade de desenvolvê-las. Falando desse jeito, muitas pessoas podem pensar na evolução como uma régua linear, onde um dos seus extremos é polo negativo e o outro é polo positivo. Por consequência, podem ainda pensar que um Ser em sua primeira encarnação será, a princípio, uma pessoa ruim, instintiva, de baixa evolução. Na verdade, porém, um Ser que nunca vivenciou nossa paralela não tem a possibilidade de entrar nessa "régua de medição", afinal, ele não é nem negativo na e nem positivo. Poderíamos vê-lo como sendo neutro: numa primeira encarnação ele não será um Ser com atitudes de alta evolução espiritual, mas também não será um Ser com atitudes de baixo nível espiritual. Este é um dos momentos mais delicados de todo o processo de evolução do espírito, pois pela falta de formação e experiência, quase tudo pode acontecer com ele, como por exemplo, vivenciar situações que o façam evoluir rapidamente e determinadas faixas vibracionais ou, ao contrário, vivenciar experiências traumáticas que farão com que ele caia num poço de ignorância e precise de muitas e muitas reencarnações para recuperar-se.

A nossa geração encarnada não é recente nas Dimensões Humanas, o que torna difícil encontrarmos espíritos humanos "jovens" por aqui, porém, não é impossível. Caso um Ser evolua individualmente a tal ponto que o credencie a avançar para dimensões superiores, então ele será encaminhado para tal dimensão, ou seja: ele se destacará de sua geração e seguirá sua jornada à parte do grupo a que pertencia. Isso pode ocorrer em dimensões anteriores também: caso um espírito atinja um nível vibracional e evolucional que lhe permita adentrar a Dimensão Humana, não será necessário aguardar esta geração transcender para acessar nossa dimensão com a chegada do grupo do qual ele faz parte. Neste caso, ele será "encaixado" aqui e começará a fazer parte desta geração de forma individual. Por isso, ainda que pouco provável, vez ou outra é possível nos depararmos com Seres em suas primeiras encarnações.

Muitas pessoas, ao encontrarem com espíritos nesta condição, costumam acreditar que estes sejam espíritos de alta evolução, não por sua sabedoria, mas por sua inocência. É natural que estes Seres Humanos demonstrem alto grau de inocência ou ingenuidade ao conviverem conosco, pois, por falta de experiência, não acumularam sabedoria e malícia - que aqui não tem sentido negativo, uma vez que malícia nada mais é do que o entendimento de que existe o mau, existem pessoas com más intenções, e devemos ter preparo para nos relacionarmos com elas sem deixar-nos afetar.

Pessoas que estão em suas primeiras encarnações, com sua inocência latente, não costumam entender o sentido das maldades humanas, relutando para aceitar a existência das situações adversas como ferramentas de aprendizado e, muitas vezes, não compreendendo a maneira como outros Seres Humanos podem agir de maneira vil. Hoje em dia, com a facilidade de acesso à internet, não é difícil encontrarmos vídeos nos quais crianças e jovens sofrem ao verem situações que nós encaramos com naturalidade, como o falecimento de um animal, as consequências de uma doença ou algo assim. Não é difícil junto a estes vídeos encontrarmos descrições que definam essa criança como um espírito de alto grau de evolução, o que não é verdade! O que vemos ali, quando a criança sofre por algo que para nós se tornou comum, é o estranhamento do espírito ao confrontar-se com uma realidade que ele não conhecia, é o choque emocional, é a morte da inocência.

UM ESPÍRITO EVOLUÍDO NÃO É, NECESSARIAMENTE, AQUELE QUE SENTE A DOR DO OUTRO QUANDO A VÊ, MAS SIM AQUELE QUE ENTENDE, MUITAS VEZES, A NECESSIDADE DESSA EXPERIÊNCIA.

NÃO É, PORTANTO, AQUELE QUE PREZA A VIDA ACIMA DE TUDO, MAS QUE ENTENDE QUE A MORTE TAMBÉM É NECESSÁRIA PARA QUE POSSAMOS RENASCER.

Um espírito evoluído não é o que se choca com a maldade, mas sim aquele que a vê, não julga quem a praticou, não sente dó de quem a sofreu e acima de tudo entende que isso é um caminho de crescimento e evolução. É aquele que enxerga todas as formas de vida em igualdade, mas sabe que, por vezes, um animal precisa morrer para alimentar uma família, por exemplo.

O NASCIMENTO

O nascimento de um espírito humano na dimensão encarnada passa por mais detalhes do que imaginamos e o que já foi revelado até hoje sobre este tema ainda é um tanto quanto limitado. Uma vez que a mulher engravida, muitas pessoas já começam a ansiar a nova vida que ali se forma. Mãe e pai, avós e avôs, amigas e amigos, irmãs e irmãos... Todos ao redor já alteram suas percepções emocionais para o nenê que está por vir... Mas, nem sempre! Há as gravidezes indesejadas; há as que têm origem em abusos e violências; há diversas situações possíveis e que, até hoje, causam discussões fervorosas por seus desfechos.

Muitas religiões e grupos sociais são contra o aborto, tema que tomo como exemplo por ser um dos mais controversos. As instituições que se dizem contra o aborto alegam serem defensoras da vida, pois entendem que o aborto também é uma forma de assassinato contra o feto que está em gestação. Entretanto, sabemos que a vida não está na carne, mas sim, no espírito. Logo, isso nos faz pensar se um feto já possui um espírito e, se sim, a partir de quando este espírito estará, de fato, pronto para encarnar. Diversas tradições espiritualistas em todo o mundo afirmam que sim: a partir da fecundação, instantaneamente haveria um espírito ligado ao feto. Outras, por sua vez, dizem que esta conexão leva algumas horas ou dias. A verdade é que as atribuições espirituais do nascimento humano ainda são temas sem definições específicas. Ainda assim, entender as dinâmicas espirituais do nascimento é a base para o estudo da reencarnação e para seu completo entendimento precisamos ter profundo conhecimento dos conceitos espirituais de vida e existência.

Quando falamos de conceitos de vida e existência, muitas vezes parece que tratamos as situações com frieza; parece que a visão espiritual é sempre mais fria do que a visão emocionada humana. Na verdade, como sempre aprendi com meu Mentor Espiritual, o espírito possui sentimentos lineares, não oscila ao empolgar-se ou desestimular-se por algo - estado este que todos nós deveríamos buscar em Terra.

O primeiro conceito que precisamos esclarecer para entendermos as dinâmicas espirituais do nascimento humano é o conceito da individualização espiritual. Cada espírito é individual, único e sozinho no Universo. Ao lermos em obras espiritualistas sobre o relacionamento de mães e filhos ou maridos e esposas que se encontram no plano espiritual, por exemplo, é preciso entender que estes espíritos ainda não passaram pelo processo de desapego das experiências materiais, logo, ainda estão ligados a quem eram e às suas relações pessoais, mesmo depois de desencarnarem. Assim sendo, enxergam os espíritos daqueles que foram suas famílias encarnadas como ainda sendo família no mundo espiritual. O fato, porém, é que um espírito em sua essência não tem pai, mãe, irmãos, primos, sobrinhos...

CADA SER ESPIRITUAL É CRIADO DE FORMA INDIVIDUAL E EXCLUSIVA, SEU PAI E MÃE SÃO A MATRIZ GERADORA DO UNIVERSO, SUA ÚNICA CONEXÃO APÓS O DESENCARNE É DEUS.

Seguindo esse mesmo raciocínio, cada Ser é o único responsável por sua evolução ou declínio. Logo, ser mãe, pai ou filho neste mundo é apenas uma experiência acordada e definida entre os espíritos que participarão desta jornada para que cada um deles vivencie o necessário ao seu estágio evolutivo, usando-se mutuamente para avançarem em suas jornadas, o que logo explicarei em mais detalhes.

Cada espírito, quando encarna, vem com um objetivo definido - sua passagem pelo Planeta Terra na dimensão encarnada não é um passeio, mas sim uma jornada em busca da evolução. Assim, cada espírito que recebe essa oportunidade precisa pensar e planejar muito bem sua encarnação para que possa aproveitar ao máximo possível esta experiência sob o ponto de vista evolucionista. Portanto, ele precisa trazer para sua realidade físico-encarnada as necessidades definidas para avançar no processo evolutivo, o que significa que, muitas vezes, um espírito precisará passar uma vida sofrida e de necessidades. Será isso que ele vai programar para sua vida encarnada, sabendo que esta dimensão é temporária e que o sofrimento daqui visa um objetivo maior além da vida; não fosse assim, todos os espíritos programariam uma vida de luxo, riquezas e confortos, sem desapontamentos.

A encarnação que busca a evolução verdadeira é um processo no qual precisamos ter a consciência que vivenciaremos o que precisamos, não necessariamente o que queremos. Então, quando um casal concebe uma criança - quando um óvulo é fecundado por um espermatozoide -, ainda não consideramos que ali exista uma vida consciente e preparada para atravessar os processos evolutivos da Dimensão Humana encarnada. Ora, pense comigo nas histórias contadas às crianças sobre como acontece a fecundação, sobre a corrida dos espermatozoides ao óvulo, na qual cada espermatozoide é uma vida em potencial e que, se estamos vivos hoje, é porque vencemos essa corrida, deixando nossos possíveis "irmãos e irmãs" para trás. Essa versão, por mais lúdica que possa ser para esclarecer o tema aos pequenos, é quase genocida, pois se cada um de milhares de espermatozoides é uma vida em potencial, para nascermos condenamos à morte inúmeras outras vidas, que perderam sua oportunidade de encarnar e voltarão para o plano espiritual aguardando uma nova corrida em que possam competir. Ao mesmo tempo, uma simples masturbação masculina seria como um verdadeiro holocausto, onde de uma só vez assassinaríamos milhões e milhões de vidas. No caso feminino, também! Uma vez

EM BUSCA DO ALÉM

por mês, durante a menstruação, cada mulher encarnada estaria assassinando milhares de vidas potenciais de maneira involuntária.

Deixando a ironia de lado, é importante entendermos que nem um espermatozoide nem um óvulo são vidas como as imaginamos e que sua movimentação ocorre por impulso biológico. Esses impulsos são momentâneos e, após determinado tempo, sua sustentação não mais existe e, com isso, nem mesmo a sua capacidade de geração e fecundação. Então, para que o seu nascimento tenha acontecido não importa qual espermatozoide ganhou a corrida; somente depois de chegar ao óvulo, fecundá-lo e, juntos, passassem por todo o processo da gestação é que um espírito encarnaria e assumiria sua vida nessa dimensão. Tanto os espermatozoides quanto os óvulos são apenas matéria-prima que, combinados, têm a possibilidade de dar formas a um futuro corpo, logo, a vida não está neles, mas através e, principalmente, depois deles.

No momento exato em que um espermatozoide fecunda um óvulo começa uma jornada analítica, tanto para o espírito que irá encarnar quanto para os Arquitetos das Encarnações. Um óvulo recém-fecundado por um espermatozoide não possui um espírito ligado a si, não é vida, ainda que possua um espírito preestabelecido para futuramente se ligar a este corpo, ainda não desenvolvido, que servirá de veículo para sua encarnação. Após isso, durante os três primeiros meses da gestação, o espírito que está preestabelecido para encarnar naquele futuro corpo acompanhará a mãe e toda a família da qual ele poderá vir a fazer parte. Este acompanhamento se dá para que o espírito e os Arquitetos avaliem se o ambiente e as pessoas que estarão no entorno desta encarnação oferecerão as condições necessárias para que o espírito vivencie suas programações em sua nova encarnação. Por exemplo, se um espírito está destinado, em sua próxima encarnação especificamente, a vivenciar a realidade de uma família pobre, e no momento da fecundação for ligado a um feto que nascerá numa família rica e com conforto, esta família não poderá oferecer o que este espírito precisa para sua evolução neste ciclo – assim como o contrário, destinar-se ao conforto e ligar-se a uma família de poucas condições, também é verdadeiro.

Para este tipo de avaliação é que servem os três primeiros meses da gestação e por isso dizemos que este é um período de risco à gravidez. Caso o espírito que irá encarnar ou os Arquitetos das Encarnações entendam que aquela família não dará o ambiente necessário à evolução prevista para aquele espírito naquele ciclo, qualquer um deles pode abortar este nascimento e então buscar uma nova família que se adeque melhor às suas necessidades. Falando dessa maneira, temos a impressão de que as decisões e escolhas superiores quanto ao nascimento de uma nova criança são frias e sem sentimento, porém, o fato é que são baseadas nas necessidades evolucionistas dos espíritos. Até mesmo quando a encarnação se destina à solução de questões emocionais

EM BUSCA DO ALÉM

- o que já não parece ser tão frio -, sabemos que, por trás, as motivações são completamente racionais, pois a solução emocional é ferramenta para a evolução.

Já tive a oportunidade de conversar com casais que tinham perdido seus filhos neste período dos três primeiros meses e, através das projeções de consciência e suas observações, pude observar esta situação sob diversos prismas. No aspecto físico, vi o casal sofrendo pelo filho que não teve. Entretanto, este sentimento de tristeza pelo espírito que se desligou do feto, sob a ótica espiritual, não faz sentido. No caso relatado, ao fazer o desdobramento para acompanhar este espírito pude compreender que ele não sofria; ao contrário, estava em contentamento por seguir em sua jornada espiritual. O espírito que abortou antes dos três meses, o fez pensando no melhor para si, pois sua avaliação não havia sido positiva quanto às condições necessárias para cumprir os desígnios da encarnação que estava por vir.

Agora, convido a pensarmos por outro ângulo, deixando de lado as amarras morais sobre o aborto. Um nascimento envolve dois grupos distintos: os encarnados - que serão os pais - e os desencarnados - que é o espírito que irá encarnar e conviver junto a esta família.

SE O ESPÍRITO TEM PARA SI
OS TRÊS PRIMEIROS MESES
DA GESTAÇÃO PARA DECIDIR
SE DEVE NASCER NAQUELE MEIO
E SE TERÁ AS CONDIÇÕES QUE ELE

NECESSITA PARA CUMPRIR SUA JORNADA, NÃO NOS PARECE JUSTO QUE A FAMÍLIA CARNAL QUE O RECEBERÁ TAMBÉM TENHA DIREITO DE DECISÃO SOBRE ESTE NASCIMENTO, BASEADA EM SUAS AVALIAÇÕES QUANTO ÀS CONDIÇÕES IDEAIS PARA A NOVA CRIANÇA?

É claro que, por tudo o que vimos, um espírito desencarnado tem muito mais informações para tomar suas decisões do que nós, humanos encarnados, que temos nossas memórias decantadas e somos limitados a basear nossas escolhas unicamente no aqui e no agora. Ainda assim, proponho levarmos essas reflexões e argumentos para uma nova abordagem do tema, em situações onde a vida da mãe esteja em risco, por exemplo, ou que a origem da gravidez gere traumas, sejam eles emocionais ou espirituais, que poderiam exigir muitas outras encarnações para serem reparados. Talvez este debate se faça de maneira mais intensa agora, uma vez que a premissa da vida sob a ótica espiritual nos propõe que até os três primeiros meses de gestação não há vida propriamente dita, mas uma espécie de pulsão que mantém o crescimento e o desenvolvimento do aparelho chamado corpo sem o acoplamento espiritual, que é, justamente, o que caracteriza a vida do Ser Espiritual.

CLONAGEM HUMANA E A ESPIRITUALIDADE

As discórdias entre ciência e religião não são recentes e já causaram muitas discussões acaloradas, disputas de poder e até mortes em nossa História - e esse cenário, infelizmente, vai continuar até que as duas partes entendam que não há o que disputar: a ciência e a religião, na verdade, se complementam. Onde uma não consegue responder, a outra o faz com excelência; onde uma precisa de melhor base para entendimento, a outra pode trazer esclarecimento, desde que saibamos procurar e entender isso.

Nas últimas décadas, uma das discussões mais intensas entre essas duas diz respeito à clonagem: o ato de criar um novo corpo geneticamente idêntico a outro, através de processo assexuado - ou seja, sem relação sexual -, uma produção completamente cientifica. Ainda que a discussão seja antiga, esse tema ganhou evidência após testes bem sucedidos com a clonagem animal – a ovelha Dolly -, que trouxe à tona duas revoluções distintas.

A primeira foi ramo da ciência, no qual a clonagem é assumida como uma grande evolução nos estudos da genética e biologia; um avanço sem precedentes, a partir do qual surge a possibilidade de criar em laboratório um novo Ser Humano, algo deveras fascinante. Por outro lado, essa possibilidade entra em conflito imediato com os pensamentos religiosos, que a encara como a tentativa do homem igualar-se a Deus - o único que teria o direito de criar novos Seres -, taxando a ciência moderna como herética.

No meio dessas discussões, porém, é importante deixar claro que clonar um Ser Humano ou um animal não é reproduzir o mesmo Ser em termos espirituais! Não pensem vocês, leitores, que ao clonar alguém que já morreu esta pessoa retornaria a vida. Isso não é verdadeiro e, por mais que pareça óbvio, é importante entendermos a visão espiritualista quanto a essa questão: o que é recriado através da clonagem é apenas o corpo físico, um veículo de carne e osso, e não é a vida contida em sua origem.

Quando as primeiras discussões sobre a possibilidade de clonagem humana vieram a público e todos os meios de comunicação falavam incansavelmente sobre isso, confesso que eu acreditava que esse fenômeno seria impossível. Ora, através dos estudos sobre a espiritualidade e as dinâmicas das reencarnações, eu já havia aprendido que a vida não está no corpo, mas sim no espírito. Então, eu tinha certeza que ao recriar um corpo material, ele seria apenas um pedaço de carne inanimado, vez que a alma não seria recriada. Nesta época, me recordo inclusive de intimamente torcer para que, caso esse humano pudesse realmente ser recriado, que ele não despertasse com vida, porque isso colocaria em xeque toda minha crença no espírito e nos aprendizados que obtivera até ali. Se o humano clonado tivesse vida consciente, pensava eu, isso significaria que a vida está no corpo e não no espírito e, caso isso se comprovasse, as consequências sobre minhas crenças e sobre a minha fé seriam desastrosas. Imagine a confusão em minha cabeça ao tentar compreender e equilibrar os conceitos científicos da clonagem e a espiritualidade.

Alguns anos mais tarde, conversando sobre o tema com meus Mentores Espirituais, indaguei-os sobre como essas dinâmicas da ciência e da espiritualidade aconteciam, e a resposta que recebi satisfez e levou por terra todos os meus medos do passado. De acordo com as respostas e ensinamentos de meus Mentores, a clonagem humana é completamente possível em nível físico; porém, em nível espiritual, dará vida a um novo Ser. Nesse sentido, também, ensinam que os processos de fertilização e concepção sexuais tradicionais são apenas uma das possíveis formas de se criar um Ser Humano, reforçando o conceito de que, para a espiritualidade, não é o meio, mas o fim que lhes interessa. Dessa maneira, independente dos meios aplicados para a criação desse novo corpo material, ele se tornará igualmente um veículo para que, no nascimento, ocorra a acoplagem um novo espírito. A bem da verdade, o que diferencia o processo de fecundação tradicional e da clonagem é apenas a construção genética do novo corpo físico, que no segundo caso é idêntico à amostra celular de sua origem enquanto que, no processo tradicionais, cria-se um novo DNA a partir da combinação de pai e mãe. Todo o restante do processo – os nove meses de gestação, as alterações hormonais da mãe e a construção celular do filho em seu ventre, o parto, enfim, tudo o mais é exatamente aquilo que já conhecemos nas vias naturais de reprodução.

Como já vimos, sempre que um novo corpo está sendo formado, independente dos meios utilizados para isso, os Arquitetos das Encarnações organizam e direcionam os espíritos para novas experiências na carne e só a partir disso é que ocorre, então, o nascimento e a encarnação. Nesse planejamento, o espírito precisará ter um corpo, e seja pelos métodos tradicionais de concepção humana, seja pela criação de um novo corpo físico através das clonagens, a matéria em criação precisará ter um espírito – este, afinal, será o fator determinante para que possamos dizer que ali haverá vida.

Isso nos leva a pensar, ainda, sobre os planejamentos e processos de avaliação do encarne deste novo espírito, como vimos no capítulo anterior sobre o nascimento tradicional de um Ser Humano encarnado, no qual aprendemos que a concretização do acoplamento espiritual no feto depende da aceitação e do comprometimento de que as missões e necessidades daquele espírito terão possibilidades de se realizarem na matéria a que se vinculará. Na hipótese da clonagem humana, esta regra se mantém e, nesses casos, os espíritos designados a estes novos corpos, muitas vezes, serão designados justamente à missão de auxiliarem no desenvolvimento das ciências, mesmo que para isso estejam destinados a serem o objeto de estudo e não o estudioso.

EM BUSCA DO ALÉM

Penso que é urgente e fundamental que todos nós, espiritualistas, comecemos a olhar este assunto com respeito, quebrando estigmas e tabus, para tentarmos entender o que há nos desígnios de Deus por trás destas evoluções científicas. Ao mesmo tempo, reforço, precisamos nos conscientizar que no processo de reencarnação, espíritos com missões especiais, voltadas a impulsionar nossa evolução, não encarnam apenas como religiosos ou figuras de destaque das comunidades espiritualistas, mas também como grandes representantes da medicina, da física, da química e das ciências de maneira geral. Sendo assim, cada cientista que colabora de alguma forma para o desenvolvimento das tecnologias e dos conhecimentos sobre a matéria – dentre elas, a clonagem – também colabora para a evolução do espírito e, assim como já estudamos, está cumprindo aquilo que lhe foi designado antes mesmo de seu encarne.

REENCARNAÇÃO COMPULSÓRIA

Como vimos falando nos últimos capítulos, os ciclos de reencarnação não são os únicos meios de evolução do Ser Espiritual. Existem alternativas, em outras dimensões, que não estão relacionadas à vivência na carne e que, ainda assim, possibilitem o processo evolutivo do espírito; porém, esta dimensão encarnada é a que dá mais velocidade a este processo, como uma espécie de curso intensivo. Por isso, de uma forma ou de outra, todos os Seres anseiam pela possibilidade de estarem aqui e ganharem este benefício.

Também sabemos que toda vez que vamos reencarnar fazemos um "plano de vida", uma programação detalhada das experiências pelas quais passaremos no próximo ciclo encarnado. A este plano podemos, também, chamar de "Livro da Vida", onde estarão descritas as experiências, amores, família e amigos, erros e acertos, objetivo principal da missão encarnada, enfim, toda a linha do tempo desenhada para que aquele espírito possa experimentar as situações e choques emocionais necessários ao desenvolvimento proposto para aquela encarnação. Entretanto, muitos dos espíritos que estão em suas primeiras encarnações, ainda primitivos e voltados aos seus instintos, não possuem experiência e discernimento suficientes para entenderem as vantagens e, principalmente, as necessidades ideais a serem traçadas nesse plano de vida. Quando um espírito encontra-se neste nível e não tem condições de fazer as melhores escolhas para o seu planejamento, ele passa por uma espécie de custódia dos Arquitetos das Encarnações, e, então, estes Seres se encarregam de definirem os melhores passos para eles.

Essas escolhas e definições dos Arquitetos, porém, não são impostas aos espíritos. Mesmo como Seres custodiados, eles possuem suas individualidades, que precisam ser respeitadas. Sendo assim – e até para que aprendam sobre este processo -, eles participam da criação dessas programações junto aos Arquitetos - mesmo que, muitas vezes, apenas como ouvintes e sendo persuadidos por eles os a aceitarem suas decisões. Nesses momentos, o poder de decisão desses espíritos é, com toda a certeza, mais reduzido, porém é preciso que se deixe claro que nenhum deles é forçado a agir e vivenciar as experiências que outros programaram para si. Por isso, nossos Mentores Espirituais ensinam claramente que todos que aqui estão encarnados pediram e aceitaram essa condição, sabendo de antemão dos problemas e dos obstáculos que viveriam durante sua encarnação.

Conforme estes espíritos vão evoluindo e adquirindo sabedoria e experiência, passam então a ter maior liberdade na decisão de seus caminhos encarnatórios. Entretanto, é importante enfatizar, que um espírito em evolução nunca terá total liberdade quanto às decisões de seu plano de vida: a última palavra sobre eles sempre será dada pelos Arquitetos das Encarnações, que avaliarão se as vivências escolhidas pelo Ser realmente são o que ele precisa experimentar naquele momento de sua jornada.

Nesse contexto, muitas pessoas podem pensar que, então, todas as encarnações – a qualquer tempo e em qualquer nível de evolução - seriam compulsórias, o que não deixa de ser verdade, afinal, mesmo em altos níveis de evolução não possuímos controle absoluto por essa decisão. Porém, é importante ressaltar que a expressão "reencarnação compulsória" só se aplica efetivamente quando o nível de decisão do espírito em relação ao seu planejamento é muito baixo. O maior exemplo disso, talvez, seja Jesus Cristo: em sua última encarnação a missão de ensinar na vida e na morte o real significado do que é amar ao próximo não foi determinado por ele, mas sim pelos Arquitetos das Encarnações. Ainda assim, sabendo do plano e de todos os seus detalhes e objetivos, a ele coube a escolha e a decisão de aceitar a missão posta, mesmo que para isso tivesse que sofrer e passar por todos as agruras pelas quais passou; ele sabia e aceitava isso, pois também sabia que sua missão era maior - e todos somos gratos a ele por isso.

DESAPEGO MATERIAL E EMOCIONAL

Todo Ser Humano, quando passa a vivenciar suas experiências na dimensão encarnada, começa a ser bombardeado diariamente por uma série de paixões, sabores, cores e possibilidades, que a seus olhos ainda infantis - tanto para a carne quanto para o espírito - costumam deslumbrar. Isso não é algo errado ou ruim, afinal, é uma fase passageira e necessária ao nosso desenvolvimento: todo Ser Humano passa pela fase das paixões, quando se encanta com tudo que é material e lhe dá certo sentido de saciedade.

Nesse sentido, podemos lembrar-nos de Platão, que em sua obra "O Banquete" nos afirma que amor se resume a desejo, ao que ele chamava de Eros. É dos conceitos desenvolvidos por ele que surge a expressão "amor platônico", aquele amor que nunca se realiza, pois sua base é o desejo não realizado.

O Ser Humano em seus estágios de evolução primitivos, porém, ama o que deseja, e para existir o desejo é necessário o *não ter*. Quando desejamos algo, significa que queremos tê-lo, ou seja, quando o conquistamos, não desejamos mais. Com isso, o Ser Humano nunca está satisfeito, pois ao conquistar o que tem, automaticamente surge-lhe um novo desejo. As teorias de Platão datam de 400 A.C., mas até os dias de hoje podem facilmente ser entendidos e aplicados ao Ser Humano, que mesmo séculos depois, continua movido pelos seus impulsos, suas paixões e, muitas vezes, nem mesmo percebe que se torna escravo do seu próprio querer.

Quando queremos um carro o desejamos, trabalhamos, lutamos e nos esforçamos para consegui-lo; então, no tão sonhado dia que conseguimos comprá-lo, não mais o desejamos e, pouco tempo depois, surge o desejo por outro mais novo, mais confortável, mais espaçoso, mais caro... Nessa sequência, dificilmente aproveitamos o que realmente temos, perdendo tempo precioso desejando o novo, o que não se tem. Numa corrida infundada, o Ser Humano perde cada vez mais a oportunidade de vivenciar sua vida real, e passa os anos buscando um ideal de vida que parece nunca conquistar, como nos desenhos animados em que um cavalo corre atrás de uma cenoura amarrada numa vara à sua frente, sem nunca alcançá-la.

Ao entrarmos neste ciclo, mesmo sem perceber, passamos a viver uma existência vazia. Ainda assim, como o Universo não é um local caótico e desordenado - e tudo que acontece tem um porquê -, baseando-se sempre pela busca da evolução de todos os Seres, chega o dia em que desencarnamos e então nossa jornada exige pensarmos em questões que talvez jamais tivéssemos cogitado, como o sentido da morte. Curioso perceber que só começamos a pensar sobre isso justamente porque estaremos diante dela.

POR QUE DISCUTIMOS
O SENTIDO DA VIDA,
MAS NUNCA PENSAMOS
SOBRE O SENTIDO DA MORTE?

TALVEZ POR TERMOS PERDIDO
TANTO TEMPO BUSCANDO "TER"
E TÃO POUCO "SER".

Entretanto, quando nos encontramos no mundo espiritual, nos vemos forçados a experimentar uma intensa ruptura de visão e valores, pois se até então vivemos voltados a acumular bens, tomados e guiados pelo desejo, tornamo-nos acumuladores, caçadores de recompensas - o breve tempo de prazer entre o sentir que saciamos nossos desejos e descobrirmos o próximo querer, vivendo como viciados.

EM BUSCA DO ALÉM

Romper nunca é fácil; romper conceitos ligados ao que somos é tarefa ainda mais difícil, pois ao percebermos que o que dá verdadeiro valor à vida não é, necessariamente, aquilo para o que empregamos nossos esforços, imediatamente nos vem um sentimento de inutilidade, de perda de tempo, o que – a depender do nível de evolução do Ser em questão - pode ainda causar um choque tão grande que de forma inconsciente fugirá da verdade para preservar-se.

Quando isso acontece, o rompimento se torna mais difícil ainda. Por não querer ver que o aprimoramento de seus valores quando encarnado não eram o objetivo principal, o Ser se nega a vivenciar esta experiência e, apegado à forma de vida que teve em Terra, se prende às faixas vibracionais da dimensão encarnada, vagando aprisionado energeticamente aos bens que acumulou em vida. Este fato se torna extremamente perigoso para sua evolução, uma vez que além de se negar a ver a vida como ela realmente deveria ter sido, não se permitindo avançar em evolução, continua vivenciando sua vida encarnada, estagnando sua jornada.

Por tudo isso é que muitas vertentes espiritualistas pregam ser de extrema importância praticar o desapego material, para que ao passarmos para o mundo espiritual possamos continuar nossa jornada rumo à evolução plena sem ficarmos presos às nossas paixões do mundo físico. Esta reflexão é correta e perfeita, pois é preciso que tenhamos a consciência de que nada que acumulamos na dimensão encarnada é realmente verdadeiro: carros, casa, dinheiro e qualquer outro bem, são passageiros e a única certeza que temos é que, quando partirmos deste mundo, nada disso nos acompanhará, tudo que se acumulou ficará no plano material.

MAS... SE JÁ SABEMOS QUE NOSSAS EXPERIÊNCIAS NO PLANO ENCARNADO DA VIDA SÃO, NA VERDADE, ARTIFÍCIOS PARA NOS PREPARARMOS PARA UM MUNDO ESPIRITUAL E SUAS JORNADAS, QUAL O SENTIDO DE PASSAR TANTO TEMPO BUSCANDO BENS E CONQUISTAS TÃO IMPERMANENTES E PASSAGEIRAS? QUAL SERIA O REAL MOTIVO DE BUSCAR MATERIALIDADES NUM MUNDO QUE CAMINHA PARA A IMATERIALIDADE?

A questão maior é que mais importante do que praticarmos o desapego material, acima de tudo, é refletirmos sobre a importância do desapego emocional para nossa evolução. Mesmo sem nenhuma consciência evolutiva, racionalmente sabemos que os bens materiais são impermanentes, não serão levados conosco para o mundo espiritual, ou seja, o rompimento com eles será, inevitavelmente, imposto a nós de maneira brutal ao pas-

EM BUSCA DO ALÉM

sarmos pelo portal que nos levará ao mundo dos espíritos. Já o apego emocional, esse sim seguirá conosco: nossas emoções, angústias, amores, remorsos, carinhos, todas estas emoções e sentimentos poderão seguir junto ao nosso espírito para o mundo espiritual. Logo, sendo passíveis de continuação, desapegar-se deles torna-se tarefa ainda mais difícil, visto que não há limitações e imposições que forcem sua ruptura. É importante, portanto, termos em mente que nossos entes queridos, por exemplo, sob a ótica do mundo espiritual, não são nada além de companheiros na jornada encarnada. Ao passarmos para o mundo espiritual, isso precisa ficar muito claro: quando todos estiverem no espírito, não haverá mais mães e filhos, tios e primos, avós e netos. Neste momento, seremos apenas irmãos de jornada espiritual e o desapego emocional precisa acontecer – pelo nosso bem e pelo bem daqueles que, em vida, quisemos bem.

Imagine que um senhor idoso que acabou de ver seu neto nascer, venha a falecer. Em espírito, ele pode até ficar contrariado de ter que deixar seu carro, sua casa bonita e espaçosa ou seus confortos... Mas, cá entre nós, o que será mais difícil para esse espírito desapegar-se: o amor que tinha por seu carro ou o amor e as expectativas que tinha por seu neto? Com certeza abrir mão do amor que nutria por neto será muito mais difícil e, assim como vemos tantos espíritos apegados a bens materiais, também encontramos espíritos apegados às pessoas que eles amavam ou até mesmo odiavam. Presos a essas relações emocionais de maneira energética, aca-

103

bam realizando o papel de obsessores, mesmo que involuntariamente. Pense num marido apaixonado e enciumado em relação à sua esposa: ao falecer, ele continua acompanhando sua ex-companheira, pois não desapegou de suas emoções carnais. Então, depois de algum tempo, a mulher decide casar novamente. Imagine, então, o nível vibracional que este espírito possessivo, ciumento e egoísta passará a vivenciar ao ver sua ex-esposa ainda encarnada vivendo e se relacionando com outro homem. Sem sombra de dúvidas isso gerará um tremendo desequilíbrio energético no processo evolutivo desse homem e, dependendo da intensidade deste desequilíbrio, poderá ainda atentar contra o novo casal por meio de obsessões e danos à energia vital do casal encarnado.

Nada disso é novidade para os estudiosos espiritualistas. Quantas vezes ouvimos relatos de espíritos que, ainda presos às emoções carnais, insistem em permanecer próximos a quem amam ou a quem desejam? O maior problema de tudo isso – e o que torna mais difícil o rompimento, em comparação ao desapego material - é que as emoções acompanham-nos até o plano espiritual, fazendo-se presentes de forma multidimensional, já que são gravadas na alma. Por isso meus Mentores Espirituais sempre alertam quanto à importância de trabalharmos o real entendimento do que representam as lições e ligações da vida em nosso Ser e suas funções em nosso processo evolutivo. Ao entender os efeitos das emoções e sentimentos vividos aqui poderemos, então, controlá-los, equilibrá-los e buscarmos a lineari-dade no além-vida. Nesse sentido, precisamos nos conscientizar que a maior batalha não é travada sobre o desapego material, mas sim sobre nossas emoções: a luta mais difícil é aquela que é feita de dentro para fora.

OS CHAKRAS E A EVOLUÇÃO ESPIRITUAL

Nós já sabemos que o grande objetivo da exis-tência encarnada é a busca pela evolução espiritual. Da mesma maneira, assim como o corpo físico, nosso espí-rito também possui um corpo, composto por camadas energéticas, desde a mais densa até a mais sutil. Além desses, outros corpos existem em outros planos, for-mando nosso Ser em diversas dimensões. O Ser Huma-no é formado por sete corpos que se relacionam entre si:

- ❖ Corpo Físico
- ❖ Duplo Etérico
- ❖ Corpo Astral
- ❖ Mental Inferior
- ❖ Mental Superior
- ❖ Corpo Búdico
- ❖ Corpo Átmico

Falar de cada uma delas daria uma nova obra, portanto, vamos nos atentar apenas à relação entre o primeiro corpo - o corpo físico - e o segundo - o duplo etérico. O corpo físico é o invólucro de carne no qual estamos hoje, que usamos para nos deslocar no plano material; o duplo etérico, por sua vez, é o corpo espiritual onde há uma cópia exata do nosso corpo físico.

Nosso duplo etérico seria como uma espécie de matriz do nosso corpo físico, que reproduz com exatidão cada sistema orgânico que temos no primeiro, portanto, cada órgão, cada vaso sanguíneo, cada terminação nervosa, cada mínimo aspecto do corpo físico tem sua matriz energética no duplo etérico, que possui a função de abastecê-lo energeticamente. Este duplo etérico, por sua vez, absorve suas energias dos planos espirituais através dos chakras, como se fossem canais de alimentação energética.

Para melhor explicar essa relação, tomemos por exemplo as doenças: toda doença tem sua origem no corpo espiritual. Quando uma doença se manifesta no seu fígado físico é porque o seu fígado etérico já estava sofrendo há muito mais tempo e parou de abastecer seu fígado físico com energias vitais, causando então a doença no plano material.

Nosso corpo espiritual possui inúmeros chakras espalhados por todo ele, mas sete desses canais se destacam por desempenharem papel fundamental ao abastecerem energeticamente glândulas e órgãos vitais para a sobrevivência humana. Estes sete chakras principais são maiores em tamanho e chamados chakras magnos:

- ❖ Chakra Coronário
- ❖ Chakra Frontal
- ❖ Chakra Laríngeo
- ❖ Chakra Cardíaco
- ❖ Chakra Umbilical
- ❖ Chakra Sexual
- ❖ Chakra Básico

Fig. 2: Os 7 chackras Magnos e sua localização no corpo físico

Na figura anterior é possível ver cada um deles. De baixo para cima, o primeiro e mais primitivo é o chakra básico responsável pelos nossos instintos, principalmente os de sobrevivência como fome, medo, frio e reprodução. Podemos, inclusive, dizer que este é um chakra egoísta, já que sua função é olhar apenas para si.

No chakra sexual, por sua vez, passamos a perceber a existência do outro, as ligações carnais e os desejos, ainda que, no final das contas, o olhar continue voltado para dentro de si. Podemos perceber isso muito claramente na maior parte das relações sexuais de hoje em dia, onde há a presença do outro, mas o que parece de fato importar é a satisfação própria.

Quando analisamos o chakra umbilical, percebemos que vamos aos poucos nos desligando dos interesses pessoais individuais e começando a reconhecer o coletivo, pois é ele o chakra que faz nossas conexões, nossas relações com o próximo, nossas empatias e antipatias.

Já no chakra cardíaco, passamos ao que chamamos de *chakras superiores*, pois as vibrações e energias que lhe correspondem são mais elevadas, dando conta dos sentimentos de amor, afeto e fraternidade - energias estáveis, que equilibram as emoções trazidas e regidas pelos *chakras inferiores*.

Ao passarmos para o chakra laríngeo, começamos a desenvolver nossa capacidade de expressar e exteriorizar nossas energias sutis ao mundo, sendo ele a grande morada das nossas intuições.

Adiante, no chakra frontal - talvez nossa maior ligação com a mente intelectual e nossa capacidade de entendimento do mundo ao redor - é onde ativaremos e desenvolveremos nossa estabilidade emocional, enxergando o mundo como ele é e suas reais necessidades.

Por último, mas não menos importante, o chakra coronário é nossa ligação direta com o espírito e as dimensões superiores, apontando à transcendência.

PODEMOS, ENTÃO, PERCEBER QUE CADA CHAKRA É UMA ETAPA ENERGÉTICA EM DIREÇÃO AO NOSSO OBJETIVO EXISTENCIAL: EVOLUIR E TRANSCENDER A UM PLANO PARA ALÉM DOS CICLOS DE REENCARNAÇÃO.

Sabendo de tudo isso, é importante ressaltar que apesar de todos os chakras trabalharem ativamente desde nosso duplo etérico até nosso corpo físico, um deles sempre estará em maior atividade do que os demais, podendo ser chamado de chakra regente da nossa evolução, onde residirá a nossa consciência durante a experiência de cada encarnação. Um Ser Humano, em suas primeiras encarnações, tem a regência de sua consciência no chakra básico, uma vez que ainda não teve oportunidades de evolução, e sua consciência ainda é primitiva, instintiva e emocional. Da mesma maneira, espíritos que já tenham passado por ciclos reencarnatórios e experimentado os diversos choques emocionais que o permitam evoluir em maior ou menor grau serão, então, regidos por diferentes chakras a cada existência em nível físico.

Dessa maneira, podemos inferir que o nível de evolução de um Ser pode ser observado a partir de seus chakras, ou melhor, a partir daquele que estiver trabalhando com maior intensidade durante sua existência, o chakra regente de sua encarnação. Quando um Ser Humano atinge determinada encarnação na qual sua consciência resida no chakra cardíaco, podemos então afirmar que ele já concluiu suas lições carnais e poderia, a partir de então, reencarnar com o objetivo principal de ajudar ao próximo, tendo superposto as vontades do ego e, neste caso, sendo da vontade dos Arquitetos das Encarnações e do próprio espírito em questão, ele não mais precisaria encarnar.

A EVOLUÇÃO DOS CHAKRAS NA TRAJETÓRIA DE VIDA

Os nossos chakras, assim como o nosso corpo físico, estão sempre em evolução, acompanhando as necessidades físicas e espirituais que nossa evolução exige. Quando nascemos, todos os nossos chakras estão abertos, facilitando o contato com o exterior para que, agora com uma nova consciência, possamos conhecer o mundo ao nosso redor. Uma criança recém-nascida, apesar de ter todos os seus chakras plenamente abertos, tem a maior parte de seu trabalho energético baseado sobre o chakra básico, afinal de contas, suas constituições estão num nível mais primário e instintivo. Um bebê responde aos estímulos do ambiente e, por exemplo, chora quando tem fome e isso lhe basta. Dessa maneira, o ambiente ao seu redor, as situações às quais é exposto e as condições de vida de um recém-nascido colaboram no desenvolvimento do seu chakra básico.

Quando falamos sobre a avaliação do nível de evolução do Ser baseado em seus chakras, deixamos claro que quando nossa consciência atinge níveis transcendentes, ou seja, se fixa nos chakras superiores, alcançaremos níveis evolucionais que poderão garantir a passagem aos próximos níveis espirituais, não precisando mais vivenciar os processos de evolução ligados ao plano encarnado da existência, saindo da linha de reencarnação. Também observamos que esta tarefa, apesar de simples no entendimento, leva muitos anos para se concretizar, já que um Ser Humano precisará encarnar diversas vezes até atingir um nível de ascensão. Porém, é correto assumir que cada chakra terá sua oportunidade e sua época adequadas para desenvolver-se.

Nós possuímos sete chakras magnos e a estrutura dos corpos humanos foi desenvolvida para permitir o pleno desenvolvimento energético de cada chakra no período de sete anos. Assim, podemos dividir a evolução humana em setênios, cada ciclo correspondendo a uma faixa etária e ao momento consciencial do Ser caso ele usufrua de uma vida emocionalmente saudável.

O primeiro setênio vai do nascimento aos sete anos de idade, período durante o qual o chakra básico será desenvolvido. Este é o momento para vivenciar suas formas instintivas de ser; conhecer o mundo e experimentá-lo de maneira egoísta; é o momento de querer, conhecer e externar os sentimentos mais básicos.

O segundo setênio ocorrerá dos sete aos quatorze anos de idade, período reservado ao desenvolvimento do chakra sexual. É neste momento que a criança tomará noção de que existe um mundo a sua volta e toda a energia que antes era dispensada ao seu egocentrismo agora precisará ser direcionada para o mundo. Esse também será o setênio que marcará o início da puberdade e as descobertas em relação à sexualidade.

O terceiro setênio acontecerá, então, dos quatorze aos vinte e um anos de idade, quando será desenvolvido o chakra umbilical. É agora que o Ser em evolução se verá obrigado a deixar o universo da infância e juventude para adentrar o mundo onde existem cobranças e responsabilidades de fato. É ao final deste ciclo que, energética e espiritualmente, o Ser poderá ser considerado adulto, passando a responder integralmente pelos seus atos, tendo atingido o desenvolvimento de todos os seus chakras básicos.

O quarto setênio se dará dos vinte e um aos vinte e oito anos de idade, marcando o desenvolvimento do chakra cardíaco. Nesta fase o Ser Humano chega ao seu ápice físico, espiritual e energético. Agora, ele passará a desenvolver os chakras superiores e todas as suas energias e capacidades físicas e instintivas já deverão ter sido plenamente desenvolvidas até então. Ao atingir a idade de vinte e oito anos, com o correto desenvolvimento, o Ser Humano em questão já terá vivenciado condições suficientes para compreender qual a sua missão espiritual nesta encarnação e começar, a partir de então, a direcionar sua vivência para realizá-la de acordo com as capacidades desenvolvidas.

O quinto setênio se dá dos vinte e oito aos trinta e cinco anos, assim como o desenvolvimento do chakra laríngeo. Agora o Ser já tem o seu caminho em vida definidos e então desenvolverá suas capacidades de comunicação ao nível transcendente, usando isso a favor da conclusão de sua missão espiritual. Nesse ponto o Ser já enxerga o próximo como seu verdadeiro irmão de jornada e tudo o que faz, faz pensando no bem comum.

O sexto setênio ocorrerá dos trinta e cinco aos quarenta e dois anos de idade, com o desenvolvimento do chakra frontal e, a partir de quando o corpo físico e o duplo etérico já terão começado sua curva decrescente. A este ponto a missão espiritual do Ser encarnado já deverá estar em vias de conclusão. Sua alma é parte integrante da sua consciência, o que faz com que o Ser seja amoroso e evoluído na sua forma de pensar e ver o mundo, benevolente e bondoso com todos. Aqui ele entenderá que o próximo não é um irmão, mas sim ele mesmo.

O sétimo setênio acontecerá, então, dos quarenta e dois anos aos quarenta e nove anos, dando vazão ao desenvolvimento do chakra coronário - o chakra mais transcendental de todos, sua ligação direta com o mundo espiritual. Neste momento é esperado que o Ser encarnado já tenha concluído sua missão em vida. Daí para frente ele poderá, então, tornar-se um missionário, que dedicará sua continuidade existencial a ajudar ao próximo, compreendendo que assim também ajuda a si mesmo, já que não há diferenças entre si e o outro. A partir daí e por todos os anos após completar quarenta e nove anos de idade, tendo vivido de acordo com a evolução ideal de cada ciclo, o Ser em questão dará continuidade a sua existência na Terra como missionário.

Como vimos, caso o Ser vivesse uma vida respeitando cada um dos momentos de evolução em função de seus chakras e, assim, usufruísse plenamente de uma vida espiritualmente saudável, seria possível atingir sua evolução em uma única encarnação, afinal, é assim que os chakras se relacionam conosco em nossas fases e ciclos da vida. Porém, também vimos que a maior parte dos Seres Humanos encarnados hoje ainda possui sua consciência arraigada no chakra básico, ou seja, mesmo com as diversas encarnações já vividas, ainda não conseguimos sair do primeiro chakra, o básico.

Isso fica ainda mais claro quando observamos quantos conflitos o mundo ainda vivência por motivos pífios como egoísmo, falta de respeito com o próximo, intolerâncias de todo o tipo, ou seja: infelizmente os

EM BUSCA DO ALÉM

Seres encarnados no mundo atual ainda vivem instintivamente, buscando saciar suas necessidades mais básicas. Se assim é no todo, também o é no individual: quantas pessoas ao nosso redor ainda passam a vida inteira buscando saciar suas necessidades mais mundanas, apenas para mostrar que podem ou que têm mais que seus irmãos, ou mesmo, buscando prazeres em desequilíbrios e vícios como drogas, bebidas e sexo?

Podemos, ainda, incluir nesta reflexão todos os nossos desequilíbrios de ordem emocional que fazem congelar nossa consciência em algum chakra específico, por exemplo: se no momento de desenvolvermos nosso chakra básico, dos zero aos sete anos de idade, algum fato travar o desenvolvimento energético deste chakra - os chamados traumas -, então ocorrerá uma espécie de congelamento da energia naquele chakra, impedindo o desenvolvimento de seguir o fluxo natural das energias.

A este congelamento podemos chamar "psicocongelado", a estagnação completa da energia gerada no momento do trauma, que então ficará impressa no campo energético do duplo etérico do Ser, refletindo-se no corpo físico. Nesse caso, o desenvolvimento do corpo físico continuará normalmente, porém, a consciência ficará presa naquela situação específica. Aí encontramos, por exemplo, a importância da psicanálise no quadro atual de desenvolvimento da humanidade, fazendo com que encaremos e resolvamos nossos traumas passados para que assim nossa vida - e, portanto, nossa energia – flua e siga seu destino natural. Podemos, inclusive, perceber quadros como estes em pessoas que viveram traumas no primeiro setênio, vivenciando atitudes infantis no decorrer de toda a vida, seja na falta de habilidades para lidarem com o mundo adulto de obrigações e responsabilidades, seja falando com voz infantilizada ou ainda agindo e esperando serem tratadas como crianças a qualquer tempo.

Exemplos como esses nos apontam para muitos dos motivos que fazem com que tenhamos que viver tantos ciclos reencarnatórios a fim de conseguirmos dar um pequeno passo evolutivo. Com os traumas, a evolução fica estagnada no chakra em que ocorreu até que ele seja resolvido, permitindo que a energia volte a fluir com normalidade.

Se isso acontece na vida encarnada de agora, também pode acontecer nas encarnações que tivemos anteriormente e, com isso, serem trazidas de lá para que sejam resolvidas aqui. É por isso que cada vez mais vemos pessoas buscando técnicas de regressão e tratamentos holísticos e espirituais alternativos, ferramentas importantes para favorecer o encerramento dos traumas anteriores – que, inclusive, desconhecemos ao ter nossa memória decantada no momento da nova encarnação.

KARMA, MORTE E REENCARNAÇÃO

Karma[1] talvez seja um dos conceitos mais utilizados para explicar os mistérios da espiritualidade. Muito se fala sobre eles, mas em meio a tudo isso, o verdadeiro significado do que é karma vem se perdendo. O conceito do que é karma nasce na cultura hindu e, numa visão ampla, pode ser entendido como as consequências positivas ou negativas dos nossos atos. Da Índia, o mesmo conceito se expande até o Japão e é incorporado ao Budismo, que dá uma explicação mais literal para o karma em relação às nossas intenções, boas ou ruins, e como elas criam consequências energéticas e espirituais aos Seres Humanos. Quando o conceito de karma chega ao Brasil, porém, passa a ser interpretado a partir de uma perspectiva negativa, um tanto errônea, como sendo algo que deveríamos tentar evitar a todo custo- talvez porque, no Budismo, quando eliminamos

---

[1] A palavra *karma* tem origem no sânscrito e significa "ação". Por esse motivo será mantida em sua grafia original no correr do texto. Já seus adjetivos, como "cármico", serão grafados em português.

todos os nossos karmas nos livramos do ciclo de reencarnações. Essa interpretação, mal entendida no Brasil, fez muita gente temer o karma como se ele fosse o responsável pela nossa falta de evolução, ou mesmo, como um guarda que nos mantém presos nesta realidade.

O fato é que, de maneira simplista, o conceito de karma é puramente o princípio de causa e efeito aplicado à espiritualidade. Toda ação gera uma reação, desde as menores situações até os grandes mistérios do Universo. Por exemplo, se você jogar uma pedra em um rio, por consequência a água se agitará à ação de jogar a pedra. Agora imagine que, com a agitação deste rio, você acaba chamando a atenção de um jacaré que estava próximo e que vem lhe atacar; agora, você precisará fugir. Jogar a pedra foi a ação, a agitação da água foi a reação; mas o agitar da água também foi uma ação, pois gerou movimentação de estado e energia, e gerou outra consequência, chamou a atenção do jacaré, que reação à agitação da água. Com este exemplo, podemos compreender que tudo o que acontece em nosso dia-a-dia e em nossas vidas é, ao mesmo tempo, uma ação e uma reação. O que diferencia uma coisa da outra é apenas o ponto de vista pelo qual você perceberá as situações.

NESSE SENTIDO, TUDO É AÇÃO
E REAÇÃO AO MESMO TEMPO,
TUDO É KARMA.

EM BUSCA DO ALÉM

Com isso, você pode questionar que, então, só não geramos karma estando mortos... Mas morrer é uma ação também, e - na visão espiritualista - acordar no mundo espiritual é a reação da morte na carne, ou seja, mais karma gerado. Portanto, o primeiro aspecto que devemos entender é que karma é algo neutro e inevitável e que só não gera karma aquilo que não existe. O que definirá se o karma gerado é positivo ou negativo será, justamente, o tipo e o nível de vibração da ação-reação geradora dele. Como lei de causa e efeito, se a origem for negativa, assim também será o karma gerado - só colhemos aquilo que plantamos.

A esta lei, outra se une: a lei do retorno, uma vez que toda ação gera uma reação que, ao expandir-se, retorna à sua origem. Cada ação que iniciamos gera uma energia, que por sua vez possui codificações emocionais, afinal somos Seres emocionais. A energia de uma árvore ou cachoeira, por exemplo, não é considerada uma energia emocional, porque estes elementos não possuem espírito nem vivenciam descargas emocionais. As emoções são naturais aos Seres Humanos: raiva, alegria, ansiedade, fúria, enfim, tudo isso são manifestações humanas; as energias da natureza são tipos de energias a que chamamos imanentes.

As emoções vividas no plano encarnado são individuais e carregam em si codificações próprias gravadas nos corpos espirituais. Isso quer dizer que cada Ser possui sua própria energia singular: se eu estiver feliz e você também estiver feliz, mesmo que pelo mesmo motivo, a codificação energética emocional de cada um de nós será diferente, pois a minha felicidade se manifesta de uma forma, com uma codificação, e a sua, de outra.

Da mesma maneira, nenhuma descarga emocional vivenciada será igual à outra, mesmo acontecendo com a mesma pessoa, porque foram geradas em momentos diferentes e, como tudo no Universo está em constante evolução e movimentação, você já não é a mesma pessoa de um minuto atrás e, portanto, não vivencia as emoções e suas descargas energéticas da mesma maneira. Entendido isso, voltemos à dinâmica das leis de causa, efeito e retorno...

Imagine que você tem uma ação negativa contra uma pessoa. Ao gerar tal ação, uma carga energética negativa com a sua codificação emocional será criada e será enviada em direção à pessoa que você intencionou fazer mal. Como você foi o criador da energia, dentro do seu campo espiritual ficará a matriz dessa energia negativa. Esta descarga emocional alcançará a pessoa-alvo e afetará o campo energético e espiritual dela. Porém, não ficará parada nesta pessoa; ela apenas passará pelo alvo e continuará até os confins do universo.

Frequentemente ouvimos dizer que os opostos se atraem, mas isso não é verdade absoluta - esta máxima vale apenas para as leis da física aqui, na dimensão encarnada. Quando o assunto são as energias espirituais, a lei muda: nesse contexto, os semelhantes se atraem e, por isso, aprendemos que para atrair positividade devemos vibrar, também, positividade.

Baseados neste conceito da atração entre os semelhantes – e voltando ao exemplo do qual falávamos -, a energia negativa exteriorizada por você ao seu alvo continuará se expandindo pelo Universo até que encontre uma energia semelhante a ela. Porém, e aqui está o segredo, esta energia só será semelhante à sua própria origem; por sua codificação energética, ela só existe em um único lugar no vasto Universo, que é a matriz dela mesma, localizada em você! Portanto, a sua ação negativa exteriorizada pode vagar por centenas de anos, mas inevitavelmente será atraída por sua própria matriz, retornando à origem, e o mal que você desejou retornará, então, a você mesmo.

Quando e energia expandida pela sua intenção retorna à matriz de origem, um choque energético do mesmo padrão vibracional acontece e, como ambas as energias são idênticas na sua formação, ao se chocarem uma anula a outra, deixando de existir. Algumas vertentes espiritualistas costumam chamar essa situação de "karma pago", ou seja: você fez, retornou e você pagou, débito zerado, energias anuladas e não mais existentes. Porém, isso não significa que suas vibrações não tenham deixado cicatrizes: a energia foi gerada (causa); atingiu seu alvo (efeito); e se expandiu até anular-se em sua origem (retorno) – no meio de tudo isso, seus níveis vibracionais também se modificaram, positiva ou negativamente, e novos karmas se criaram.

Por isso, devemos sempre ter cuidado zelando por nossas ações, pois muitas delas, até mesmo com origens em encarnações anteriores, ainda estão se expandindo pelo universo e buscando seu semelhante energético, que está gravado em nosso corpo espiritual Mais dia, menos dia, essas energias nos encontrarão e então teremos de pagar os karmas gerados nessa ou em outras vidas.

OS TRAUMAS CAUSADORES DOS KARMAS

O Ser Humano é um Ser emocional e, por esse motivo, tem extrema facilidade em guardar mágoas e rancores que podem ser profundamente prejudiciais a si. Porém, para que possamos entender como tudo isso influencia a geração de karmas positivos ou negativos, precisamos entender as diferenças entre emoção e sentimento, pois ambos fazem parte das nossas experiências de vida enquanto Seres Espirituais.

As emoções são descargas energéticas extremamente densas e agitadas, processadas pelos nossos chakras inferiores, produzindo reações no nosso corpo físico como tremores, resfriamento, arrepios e aceleração cardíaca. Toda energia processada por eles e que gera oscilações pode ser considerada *emoção*, sejam elas positivas ou negativas. Um susto, por exemplo, gera uma descarga emocional que causa oscilação do nosso estado natural; a notícia do falecimento de um ente querido, também gera uma emoção em picos, de maneira negativa. A paixão, por sua vez, também gera picos, como emoções positivas. Nesse sentido, uma vida de exageros não faz bem nem para nosso corpo físico nem para nosso espírito. Por isso, aprendemos com a espiritualidade que as emoções são formas de desequilíbrio, pois não colaboram com a linearidade energética, tirando ela de um estado naturalmente equilibrado para um pico oscilante.

Sentimentos, por sua vez, são processados pelos chakras superiores. São energias lineares, que melhoram nosso campo energético, com baixa densidade e muita força evolucionista. O sentimento independe de fatores externos e de reciprocidade, é puro, está a favor de algo. No nosso exemplo, a paixão é emoção e o amor é sentimento. Muitas pessoas podem não entender essa distinção, já que a palavra amor vem sendo banalizada já há algum tempo. Amor é um sentimento muito diferente do estamos acostumados a pensar que é; inclusive não é difícil encontrarmos lições na literatura espiritualista dizendo que estamos na Terra para *aprender a amar*. Isso nos faz deduzir que todos nós, que estamos encarnados neste ciclo, ainda não provamos o que é o verdadeiro amor.

O Ser Humano encarnado é belicoso, acostumado à dinâmica de ataque-e-defesa. Quando não entende uma situação, não gosta ou não concorda com ela, coloca-se pronto ao ataque, como se vivesse em disputa contra tudo e contra todos os que são diferentes dele. Essa natureza bélica, aliada ao fato de convivermos com

Seres de todos os níveis de evolução, inevitavelmente causa conflitos que, quando nos atingem, causam desequilíbrios emocionais profundos – os traumas – que, por sua vez, podem gerar grandes karmas negativos em nossas vidas.

Baseado no que aprendemos sobre as etapas de desenvolvimento energético dos chakras no processo de evolução do espírito, imagine que em determinada encarnação você tenha passado a infância e juventude sentindo-se preterido por sua mãe em relação ao seu irmão. Nesse exemplo, compreendemos que um trauma aconteceu, e devido ao grande choque emocional uma camada de energia densa ficará gravada nos seus chakras com a codificação energética do momento que o gerou, permanecendo lá até que a situação do trauma se resolva - o estado *psico-congelado*. Seguindo nosso exemplo, imagine então que, em uma próxima encarnação, você tenha sido morto pelo seu próprio irmão. A sua revolta e mágoa emocionais por esta morte também ficarão marcadas nos seus campos energéticos e também permanecerão lá até serem resolvidas, *psico-congeladas*.

Observe, porém, que as duas situações – além de deixarem marcar energéticas e espirituais em você - criaram ainda karmas seus com outras pessoas. Na primeira situação, você gerou karma negativo tanto com o espírito de sua mãe – que o preteriu -, quanto com o espírito de seu irmão – que fora preferido; na segunda situação, você cria outro karma negativo, com outro espírito que teria sido seu irmão naquela vida e o assas-

EM BUSCA DO ALÉM

sinou. Nesse cenário, você teria gerado karmas negativos com três pessoas diferentes, em encarnações diferentes e que, por não terem sido resolvidas a seu tempo, foram transportadas de uma encarnação à outra e assim seguirão até que você consiga encerrar estes ciclos.

Esses foram exemplos individuais, é claro. Pense quantas situações emocionais nós vivenciamos em toda uma vida e que afetam negativamente a nós e a outras pessoas e quantas ações de terceiros nos afetam também, criando centenas de milhares de karmas coletivos. Felizmente, pela Lei do Retorno, uma vez que nossos padrões energéticos vibrarão essas situações assim como também vibrarão nos outros espíritos envolvidos nessas situações não resolvidas, em nossas encarnações futuras acabaremos sempre por nos reencontrar, assim nos dando a oportunidade de encerrar estes karmas - ou criar novos.

Quando energias ficam congeladas em nossos corpos energéticos e em nossos chakras, impedindo que a energia flua com perfeição, isso trava nossa evolução. Por isso é tão importante que, uma vez identificados karmas individuais ou coletivos trazidos à encarnação que vivemos agora, busquemos resolvê-los, descongelando e permitindo que nossa energia volte fluir.

**ESSE É O VERDADEIRO SENTIDO
DE "PAGAR KARMA":
O ESGOTAMENTO COMPLETO**

DAS EMOÇÕES NÃO RESOLVIDAS,
ATRAVÉS DO DESBLOQUEIO
ENERGÉTICO DE UMA SITUAÇÃO
CONGELADA EM NOSSOS
CORPOS ESPIRITUAIS.

A melhor maneira de fazer isso, afinal, é agir sempre com a maior abertura consciencial possível, não se culpando nem se prendendo aos reflexos dessas emoções. O fluxo natural das energias se estabelece quando paramos de buscá-lo e começamos a senti-lo através do perdão e da gratidão.

KARMAS COLETIVOS

Como vimos karma não é uma punição. Karma é algo natural ao Ser Humano enquanto Ser emocional encarnado. Ele é a própria lei de ação e reação, ou causa e efeito, sendo aplicada para melhor entendermos e vivenciarmos os propósitos da espiritualidade e assim evoluirmos. Sempre que realizamos alguma ação que afeta emocionalmente outra pessoa, nos ligamos energeticamente a ela. Essa ligação tanto pode elevar nosso nível de evolução, no caso dos karmas positivos, quanto pode nos densificar e rebaixar, nos casos de karmas negativos.

Tomemos como exemplo um karma negativo no qual sua ação ou a reação de outrem gerou uma carga emocional desconfortável às pessoas envolvidas. Imagine que na geração deste karma, no momento em que se forma essa ligação entre você e as pessoas que vivenciaram a situação, uma algema foi presa entre o seu braço e o braço delas; agora, imagine também que as correntes que unem essas algemas estão presas a uma enorme pedra. Nesta pedra estão contidos nossos egos, mágoas, raivas, ilusões, rancores, orgulhos, e todas as emoções negativas que foram vivenciadas. A enorme pedra é o karma negativo gerado por essa situação, que os une presos nesta realidade, fadados a resolver esta questão para que possam ser liberados. Porém, essa grande algema não é uma algema comum: ela possui várias pontas, diversas conexões, podendo pender juntos centenas, milhares de braços.

A ESSAS CONEXÕES EMOCIONAIS MÚLTIPLAS, GERADAS POR AÇÕES QUE IMPACTAM DIVERSAS PESSOAS, ACORRENTANDO NUMA MESMA ORIGEM TODOS OS FERIDOS PELAS EMOÇÕES CAUSADAS, CHAMAMOS KARMAS COLETIVOS.

Por isso, todas as vertentes espiritualistas nos ensinam que as pessoas que passam em nossas vidas não são meros personagens secundários, e muito menos inocentes expectadores da nossa história: as pessoas que nós conhecemos, convivemos e temos qualquer tipo de relação são, na verdade, velhos conhecidos espirituais que, por algum motivo espiritual, estão presos conosco, amarrados a essa pedra cármica. Com base nesse exemplo, podemos entender que a relação cármica entre os Seres anda muito próxima com o conceito do livre arbítrio, já que nossa vida nos proporciona oportunidades de soltura das amarras cármicas, mas que para isso demanda novas ações positivas da nossa parte, que anulem os reflexos das ações negativas geradas nas vidas passadas.

Acreditando nela ou não, todos conhecem a história de Jesus Cristo, e o que mais chama a atenção nela não são os seus ensinamentos em vida, mas o quanto aprendemos em sua morte. É inegável a importância que o simbolismo da morte de Jesus e seus ensinamentos trouxeram a toda humanidade: na morte, Jesus ensinou princípios da vida. Tente imaginar como seria a humanidade hoje se Jesus não tivesse morrido da forma que morreu e suas mensagens não tivessem sido propagadas pelos últimos séculos. Sabemos que Jesus foi um espírito missionário, enviado pelos Arquitetos das Encarnações para ensinar lições de vida à humanidade, transmitidas a cada momento de sua estadia no plano encarnado, seja com seus ensinamentos ou com seu martírio e sofrimento. A encarnação de Jesus foi programada à exaustão; pensada, repensada e analisada em seus mínimos detalhes, nada poderia correr fora do que havia sido proposto, afinal de contas, seu exemplo, sua história e sua vida repercutiriam durante milénios e não havia margem para erros. Pensando por essa ótica, sabemos que cada passo de Jesus foi orientado e vigiado de perto pelos Mentores Espirituais que também davam apoio e suporte a ele, afinal, não podemos nunca esquecer de que Jesus, apesar de ter se tornado um grande mestre da humanidade, também foi um Ser Humano encarnado, regido pelas mesmas leis sob as quais nós nos encontramos, seguindo os mesmos padrões de atuação.

A vida de Jesus é um exemplo perfeito de como são criados os karmas coletivos, que se iniciam em seu nascimento. Jesus possuía ligações cármicas tanto com Maria, sua mãe, quanto com José, seu pai; essa, porém, ainda era uma ligação individual e não coletiva. O primeiro vínculo de karma coletivo se passa mais adiante na vida de Jesus, com a reunião de seus doze apóstolos. A partir de tudo o que estudamos nos capítulos anteriores, Jesus não escolheu aleatoriamente doze pessoas para segui-lo, serem seus discípulos e seus apóstolos que dariam continuidade a sua obra e trabalho. Essa escolha foi feita ainda no mundo espiritual e, em conjunto, todos escolheram e aceitaram executar e propagar o trabalho de Jesus em Terra. Logo, ainda no espírito, uniram suas vidas à grande pedra cármica da missão que lhes aguardava. Além disso, outra situação evidencia a geração de karmas coletivos na história de Jesus, na qual poucas pessoas percebem a importância da lição espiritual que carrega: os envolvidos direta e indiretamente em sua morte.

Ao ser preso, Jesus foi levado por Pôncio Pilatos a júri popular. Na ocasião foi dada a escolha ao povo de salvar um dos acusados, ou Jesus ou o ladrão Barrabás, e o povo então escolheu salvar Barrabás. Muitas pessoas culpam Pôncio Pilatos pela morte de Jesus, mas toda a cidade teve responsabilidade, pois quando puderam salvá-lo, optaram por não fazer. Logo, podemos entender que cada um dos cidadãos que estava presente e optou por salvar Barrabás também foram ligados a Jesus e à sua missão, através das amarras cármicas coletivas, assim como também o foram seus apóstolos. O choque emocional do momento da escolha, as culpas carregadas após sua morte por cada um que esteve presente e não o salvou, além de todo o impacto que suas lições geraram à humanidade a partir dali, favorecem a criação de inúmeros vínculos entre estas personagens e, ainda mais, entre eles e seus descendentes por gerações e gerações.

Mesmo sabendo que este karma coletivo foi arquitetado no plano espiritual e que cada um fez exatamente o que tinha acordado em fazer neste jogo cármico, sempre que nosso espírito reencarna nossa memória é decantada, deixando as lembranças do espírito adormecidas em algum lugar em nosso inconsciente. Este fato faz com que as pessoas não se lembrem do que foi acordado, arquitetado ou decidido nas esferas espirituais, mas os cumpram inconscientemente. Junte-se a isso o princípio do livre-arbítrio e os caminhos que a vida

EM BUSCA DO ALÉM

traça, temos então milhares de Seres propensos a graves desequilíbrios energéticos que se vinculam e permanecem por eras sem que percebamos a potência de seus desdobramentos. No exemplo da morte de Jesus, de certo todos estes espíritos irão se reencontrar por diversas vezes, em diversas encarnações, para que a cada vida, sem o peso da memória do que os une, tentem reescrever esta história - não para mudar suas consequências ou reações, mas para reescrever a temática de suas emoções - e possam se livrar da culpa, da dor e da vergonha de terem feito a escolha que fizeram.

Assim como os fatos ocorridos com o mestre Jesus, todos os grandes desastres e barbáries da humanidade não ocorrem de forma aleatória e pelo simples acaso. Como vimos anteriormente, cada acontecimento individual ou coletivo é traçado e definido pelos Arquitetos das Encarnações. O fato, porém, é que ao mesmo tempo em que o contexto é determinado por eles, as situações específicas acontecem em função e como consequência das escolhas e decisões que cada um de nós toma no correr de nossas existências encarnadas.

Sendo assim, toda ação gera uma reação, que acaba se tornando uma nova ação e assim por diante. Ao tomarmos consciência de como funciona essa processo e de suas implicações indiretas, é importante nos concentrarmos em acabar com os possíveis aspectos negativos destes ciclos e interromper a realização das próximas ações-reações que gerem o mal, levando à verdadeira libertação cármica.

Livre Arbítrio Ilusório

Como vimos, tudo no Universo é karma, pois tudo é, ao mesmo tempo, uma causa e um efeito - até mesmo as pequenas coisas que sequer nos damos conta. Isso nos faz pensar que inclusive nossas ações são reações a uma ação inicial, o que por sua vez nos leva a reflexão de que, talvez, sejamos meramente Seres reativos, que reagem aos estímulos do Universo. Mas se nos cabe apenas sermos reação a algo - e partindo do princípio que através do raciocínio lógico podemos presumir os resultados de uma ação -, pensando mais profundamente, onde está a nossa liberdade de escolha?

O Universo está em constante movimento, caracterizado por inúmeros fenômenos físicos e químicos. Cada fenômeno é reação a uma causa, que por sua vez teve também a sua própria causa, que por sua vez também teve a sua, e assim podemos percebê-lo como uma grande teia de causalidades ou, ainda, como uma gigantesca fileira de dominós, no qual foi preciso unicamente que se disparasse a primeira ação para que todas as outras começassem a acontecer pelo princípio de ação e reação. Muitas vertentes espiritualistas acreditam exatamente nesta versão, afirmando que a ação original - ou quem derrubou o primeiro dominó - é Deus, que Ele seria a causa primeira, o motivo de todas as demais reações. Mas este raciocínio me intriga, afinal por qual motivo Deus derrubaria o primeiro dominó?

SE DEUS É A AÇÃO PRIMEIRA, E TEMOS UMA LEI UNIVERSAL QUE DIZ QUE TODA AÇÃO É EM SI MESMA UMA AÇÃO E UMA REAÇÃO, E SE DEUS FAZ PARTE DO UNIVERSO COMO CRIADOR DESTAS MESMAS LEIS, SUA PRIMEIRA AÇÃO SERIA UMA REAÇÃO A QUÊ?

É claro que essa é uma provocação ao que vimos nos primeiros capítulos deste livro, dizendo que o Universo é apenas mais um dentre tantos outros e que Deus é o regente apenas deste nosso Universo, havendo outros regentes em outros universos além dele. Logo, podemos imaginar que seu sopro divino - seu dedo empurrando o primeiro dominó - seria, na verdade, reação a uma ação causada antes dele, numa outra dimensão ou universo.

Devido às limitações conscienciais dos Seres Humanos, que são muitas, somos levados a crer que de alguma forma nossas ações e escolhas são livres. Isso porque o homem sempre teve todos os meios e motivos para acreditar que tem liberdade em suas ações, já que come quando quer, faz suas necessidades fisiológicas quando lhe convém, dorme quando tem sono, e tantos outros exemplos a serem citados, mas... Comer quando se tem fome é uma ação livre? Atender necessidades fisiológicas quando as mesmas se apresentam é agir livremente? Dormir quando o sono chega é poder escolher? Todas estas ações são, na verdade, respostas às exigências do corpo humano e, nesses casos, você não é livre nas suas ações, você apenas reage a uma ação do corpo. Mesmo em outros exemplos, trazendo a reflexão ao campo das decisões da vida prática, por exemplo, a percepção de liberdade do homem é ilusória, porque por mais que acredite que faça o que quer, em última instância ele está, na verdade, apenas sendo escravo de seus desejos - e ninguém que é escravo pode ser livre.

Agostinho de Hipona – conhecido no catolicismo como Santo Agostinho – talvez tenha sido o primeiro a cunhar o conceito de *livre-arbítrio*, quando inicia as discussões sobre filosofia cristã, e afirma que Deus é a origem de tudo, criador de tudo. Entretanto, os críticos ao pensamento cristão questionavam que, se Deus era a origem de tudo, então também era a origem do mal. Este tema foi, por muito tempo, evitado e não respondido pelos pensadores cristãos, já que nenhuma resposta que se apresentasse parecia ser suficientemente satisfatória. Agostinho, então, defendeu a hipótese de que Deus é a origem de tudo, menos do mal, afirmando que a maldade seria, pois, fruto do livre arbítrio do Ser Humano. Deus, ao criar o homem, o teria dotado com o princípio do livre arbítrio, a liberdade pessoal de escolher suas ações e caminhos.

De início, este conceito faz muito sentido: o Ser faz o que quer e responde por suas escolhas; nossa vida nos leva a crer que somos senhores de nossos destinos, pois corremos quando queremos, andamos quando queremos, quando temos um lugar a visitar podemos escolher quais ruas usar para chegar a seu destino... Parece tão óbvio e ao mesmo tempo tão conveniente associar a maldade ao livre arbítrio do homem, tirando das mãos do Criador a responsabilidade pelos erros de suas Criaturas. E, de tão óbvio, sua existência se torna uma ilusão que todos creem sem questionar!

Por um lado, nos assumimos como Seres livres; do outro, dizemos que tudo o que acontece é porque foi da vontade de Deus. De um lado, somos senhores de nossos destinos e, do outro, acreditamos que o futuro a Deus pertence, como se ele tomasse as decisões do mundo e pelo mundo. Deliberamos sobre nossas ações à nossa vontade, assim gerando reações livres, frutos da liberdade de nossas escolhas; mas, por outro lado, sempre que empenhamos nossas ações, confiamos que serão bem sucedidas *se Deus quiser.*

AFINAL, O CONTROLE DA VIDA
ESTÁ NAS MÃOS DE QUEM:
MINHAS OU DE DEUS?
NÃO É POSSÍVEL QUE OS DOIS
PONTOS DE VISTA ESTEJAM
CORRETOS, POIS UM ANULA
O OUTRO, SÃO ANTÍTESES,
SE ANTAGONIZAM.

Buscamos, então, a resposta nas religiões e nas vertentes espiritualistas e a resposta que encontramos é que temos sim controle, mas limitado de acordo com nosso grau de evolução; ou, ainda, que temos controle parcial, baseado na vontade de Deus. É como dar um doce para uma criança e proibi-la de comer: ela tem o doce, mas de que adianta, já que não pode aproveitar o que tem? Talvez, melhor que não tivesse! Porém, a estrutura do Universo e de nossas vidas encarnadas são tão bem articuladas que temos a sensação quase que a todo instante de estar dando uma grande mordida neste doce, o doce sabor da liberdade, mas ao final de cada mordida observamos que ele continua intacto. Então, no instante seguinte, nos vemos numa situação em que temos a escolha de mordê-lo ou não, e mais do que depressa damos a tão esperada mordida para, ao final dela, percebemos que o doce ainda continua intacto. Assim, de mordida em mordida, o doce se preserva e a nossa ilusória sensação de tê-lo provado se consolida em nosso mental.

Jesus, ao ser preso, foi levado a Pôncio Pilatos, que por sua vez promoveu um júri popular para decidir seu futuro e a própria população da cidade optou pela morte de Jesus. Como já sabemos, todos foram participantes de um karma coletivo, mas como também já dissemos, a missão de Jesus era morrer como morreu. Em sua história, a todo instante desde que iniciou a programação de sua encarnação junto aos Arquitetos e mesmo depois, encarnado, sob as orientações de Deus,

EM BUSCA DO ALÉM

ele sabia detalhadamente tudo o que lhe aconteceria e em nenhum momento se esforçou para alterar o próprio destino. Por exemplo, na última ceia Jesus molha o pão de Judas e diz: *"o que pretendes fazer, faze-o depressa"*; essa e outras frases ditas por ele demonstram que, a cada situação, ele tinha total conhecimento do que lhe ocorreria e que, concordando ou não, assim deveriam acontecer. Muitas vezes Jesus disse, ainda na ceia, que era necessário que as escrituras se cumprissem. Ora, mas se a todo o momento durante a ceia e, principalmente, quando manda Judas fazer o que tinha de ser feito, Jesus nos deixa claro que não há liberdade em nossas ações, pois tudo já fora escrito, o que há de liberdade, então, se concordando ou não, a ação prevista acontecerá? Junte-se a isso o fato de que Agostinho criou o conceito de livre arbítrio simplesmente para justificar a origem do mal sem responsabilizar a Deus por isso e vemos o quão frágil e ilusório é a suposta liberdade que vivemos em Terra.

Provoco ainda mais: se o povo de Jerusalém realmente tivesse escolha entre salvar Jesus ou Barrabás, e tivessem escolhido salvar Jesus, qual propósito teria a vida inteira deste mestre em Terra? Qual propósito teria a traição de Judas? Qual propósito teriam as afirmações de Jesus à mesa com seus discípulos? Para que se cumprissem os planejamentos dos Arquitetos e dos Criadores do Universo, era de vital importância que o povo escolhesse a morte de Jesus e nada ali poderia ser diferente, pois colocaria em risco a validade dos ensinamentos de Jesus - principalmente os ensinamentos que sua morte traria. Com isso, fica o questionamento: o povo de Jerusalém realmente tinha escolha entre salvar Jesus ou Barrabás?

Com tantas indagações controversas, algumas pessoas podem concluir que somos apenas marionetes nas mãos das regências universais e que nosso objetivo seja, talvez, tentar romper com os cordões que nos mantém de pé. Se isso for verdade, precisamos lembrar que é impossível se livrar completamente de todos os cordões; poderíamos, de certa maneira, nos livrarmos de um ou dois, mas não de todos, pois sem eles, sendo marionetes, não nos manteríamos em pé. Neste cenário, penso que ser livre é, afinal, ter a consciência de que somos sustentados por estes cordões.

Além disso, como discutimos anteriormente, no exemplo da morte de Jesus o desequilíbrio que este karma coletivo causou no povo que o condenou – e as consequências evolutivas e históricas que isso nos trouxe - só seria possível através da existência, ilusória ou não, do livre arbítrio, pois só acreditando serem livres, escolhendo por sua morte e, após, sentindo-se culpados é que todos os karmas coletivos originados ali se concluiriam e os processos evolutivos de cada Ser poderiam ser atingidos. A culpa existe enquanto a ilusão existe; quando se perde a ilusão da liberdade de agir, se perde também o sentimento de culpa pelas ações erradas ou danosas; o Ser, então, convenientemente perdoa a si mesmo aceitando ser apenas marionete.

Quanto às nossas ações e escolhas nessa encarnação, vivamos como se houvesse liberdade no agir, ponderemos as melhores decisões, analisemos as melhores consequências, ajamos como se cada atitude fosse a mais importante do mundo, sejamos escravos de nossas pulsões e desejos, pois o condutor das marionetes, seja ele quem for, certamente executa os melhores movimentos com as melhores marionetes.

LIBERTAÇÃO CÁRMICA

Pitágoras talvez tenha sido o primeiro a pensar filosoficamente o que viria a ser chamado encarnação e leis de reencarnação. Segundo seus pensamentos, o grande objetivo da humanidade é a elevação da alma para, assim, deixarmos o ciclo de encarnações no Planeta Terra. Para que isso acontecesse, ele nos fornece uma lista de hábitos que deveríamos incorporar ao nosso comportamento, a fim de evoluir e alcançar a elevação. Isso nos mostra que o conceito de evolução espiritual, de elevar-nos para alcançar o fim do ciclo de encarnações, não é uma ideia recente.

Com o passar dos anos, muitas teorias e práticas foram incorporadas às filosofias espirituais, todas elas visando à elevação e ao encerramento do ciclo de encarnações. Ainda assim, como tratamos anteriormente, devido às descargas emocionais que geram conflitos internos e externos tanto em nós quanto em terceiros, somos energeticamente presos ao que chamamos de karma e, nesse sentido, muitas linhas de pensamento espiritualista entendem o encerramento do ciclo das encarnações como o pagamento ou o esgotamento de todos os karmas criados nas diversas vidas que vivemos.

Entretanto, a libertação cármica não deve ser vista como a conclusão de todos os assuntos ou o ressarcimento de todas as dívidas espirituais ao envolvidos ou prejudicados nas descargas emocionais que vivenciamos. Na verdade, esse raciocínio está correto, mas deve ser interpretado e aplicado sob uma ótica diferente. Isso porque a grande maioria das tradições que pregam a "quitação cármica" creem que devemos conviver e até mesmo sofrer por alguns karmas acumulados em outras vidas e, assim, viver como se os estivéssemos pagando em parcelas.

Além disso, também é muito comum vermos o conceito do karma ser usado para justificar abusos e absurdos. Por exemplo: onde não se encontram explicações racionais e não se quer aplicar julgamentos de valor ou caráter, muitas vezes encontramos no "acerto cármico" a justificativa vazia para crimes hediondos, como se a vitima de hoje tivesse sido o algoz numa vida passada e pagasse por isso agora – ou vice e versa. De fato isso pode ocorrer e, é claro, esta é uma das possíveis formas de libertação cármica - ainda que eu não creia que seja a ideal nem a mais justa. Nesse contexto, lembro sempre das palavras de Gandhi quando nos disse que *"olho por olho e o mundo acabará cego"*.

Por mais que possa parecer um caminho viável e justificável, devemos entender que a vingança, o revidar, o pagamento na mesma moeda – seja sobre erros cometidos nesta vida ou em outras - não aponta para a evolução; mesmo que resolva a pendência, mesmo que pague a suposta dívida, não resolve a ferida emocional, apenas a substitui, pois troca a mágoa pela vingança e pelo ódio - e o acerto cármico, no caso, se transforma em novos karmas negativos a resolver.

Como foi explicado anteriormente quando falávamos dos karmas individuais e coletivos, cada descarga emocional vivenciada gera amarras que nos prendem juntos com os atores desta situação, como imensas pedras. Muitas pessoas podem acreditar que libertar-se de um karma seria quebrar esta pedra e então poder livrar a todos que estão envolvidos na situação, ponto de vista que merece respeito, mas que não faz muito sentido, afinal, o Ser Espiritual é um Ser individual por natureza - daí sermos chamados *indivíduos*.

Nascemos sozinhos e morreremos sozinhos. Mesmo que você venha a desencarnar num acidente de avião com mais quatrocentas pessoas junto com você, ainda assim você desencarnará sozinho, pois a sua vida não dependia de nenhum fator externo para se findar e nenhum outro Ser dependia da sua vida para existir ou terminar. No momento do seu desencarne, tenha certeza, nenhum Ser no Universo irá desencarnar no mesmo segundo tendo como causa da morte o seu falecimento, como que se em função da sua morte outra pessoa também viesse a morrer pois estavam ligados espiritual-mente ou qualquer outra justificativa. O desencarnar, independente das circunstâncias, é uma experiência solitária, é uma caminhada individual. Com isso em mente, entendemos que o único responsável pelo nosso desenvolvimento somos nós mesmos. Essa afirmação, porém, pode gerar grandes conflitos internos, uma vez que o Ser Humano tem o (mau) hábito de culpar e atri-buir responsabilidades a terceiros quando falha ou não atinge seus objetivos. Numa realidade egocêntrica como a que vivemos, é sempre muito mais fácil penalizar e culpabilizar o outro do que reconhecer que errou.

Ainda assim, é fundamental compreender e aceitar o fato de que, ao final de sua atual encarnação e chegando ao plano espiritual, caso o espírito perceba que não atingiu o nível de evolução que havia planejado, não haverá mais ninguém a responsabilizar do que a si próprio.

INDEPENDENTE DAS JUSTIFICATIVAS QUE EXPLIQUEM NÃO TER REALIZADO O SEU PLANO DE VIDA, SEJAM ELAS EGOÍSTAS OU CARIDOSAS, ENTENDA: ESSA FOI UMA ESCOLHA SUA! TUDO O QUE ACONTECE EM SUA VIDA É SEU E VOCÊ É O ÚNICO RESPONSÁVEL POR ISSO.

Partindo deste ponto de vista, passemos a algumas observações importantes quanto à libertação cármica: se somos os únicos responsáveis por tudo o que nos acontece, logo, deveríamos também sermos os únicos responsáveis por nossa evolução. Parece, porém, que quando tratamos dos karmas individuais e coletivos sempre dependemos do entendimento e desprendimento de terceiros em relação às descargas emocionais e suas funções para que possamos encerrá-los. Esse raciocínio não está de todo certo!

Quando falamos sobre karmas coletivos é comum às pessoas entenderem que só se livrarão deles quando todos os envolvidos na origem deste karma internalizarem e reconhecerem a importância do que se viveu, aprenderem as lições que ele trouxe e libertarem seus espíritos daquela descarga emocional desequilibrada. Mas se a coisa funcionasse realmente assim, nossa evolução estaria condicionada à evolução de terceiros: mesmo que você tivesse entendido a situação causadora, tivesse resolvido internamente o desequilíbrio emocional que lhe prejudicava e estivesse pronto para galgar novos degraus espirituais, enquanto os outros envolvidos não o tivessem entendido também, você ficaria fadado a revivê-lo vida após vida, reencarnando e se relacionando de alguma maneira com essas pessoas até que todas elas também se libertassem, o que não seria justo. Isso seria como conseguir se libertar da grande pedra cármica, mas não conseguir se livrar de suas algemas, pois elas precisam ser abertas simultaneamente.

KARMAS SÃO ALGEMAS QUE SE ABREM DE FORMA INDEPENDENTE, INDIVIDUAL E ISOLADAMENTE!

A cada encarnação temos as oportunidades de resolvermos nossos karmas pendentes com todas as pessoas com quem nos relacionamos em outras vidas. Se você fez mal a alguém e entendeu isso, resolveu essa questão dentro de si e não é mais afetado pelas emoções da causa nem pelas consequências de seus efeitos, podemos dizer que está livre deste karma. Caso a outra pessoa, ou o outro grupo de pessoas, não tiverem o mesmo entendimento que você, isso não lhe prejudicará mais: é uma escolha de cada um ficar amarrado às suas velhas mágoas e ressentimentos, mesmo que inconscientemente ou espiritualmente; e não é justo que essa escolha de outrem trave ou atrapalhe o seu evoluir.

Toda essa dinâmica pode se parecer muito com o perdão. Inclusive, muitas pessoas entendem que este nível de libertação cármica acontece justamente quando se descobre o verdadeiro sentido do perdão, quando eu perdoo quem me fez mal, e muito mais que isso, quando eu perdoo a mim mesmo pelo que foi vivido. Na verdade, a relação com o perdão pode até ser um bom caminho para a libertação cármica, mas o caminho verdadeiro e efetivo para isso diz muito mais respeito ao processo de entendimento da causa e dos efeitos do que ao ato de perdoar, pois quando entendemos o real sentido e a importância de cada pequeno fato vivido e as lições atreladas a ele, não há mais o que se perdoar, somente o que se aprender.

> **SEMPRE DIGO: UM ERRO SÓ É ERRO QUANDO NÃO SERVE DE LIÇÃO E A ÚNICA MANEIRA DE APRENDERMOS O QUE É CERTO, É ERRANDO.**

Logo, um erro - quando bem aproveitado - pode servir de grande alavanca para uma vida de virtudes e se isso for aprendido, não terá sido mais um erro, mas sim uma lição. A essa altura do nosso estudo, já temos base o suficiente - inclusive com as histórias de mestre Jesus - para compreender que todos os fatos acontecidos, até mesmo os mais hediondos e bárbaros, possuem sua razão de existir. Se entendermos isso verdadeiramente, então entenderemos a razão de tudo, até mesmo das maldades e dos erros e, assim, não existirá mais nenhum erro, não haverá o que se perdoar, pois absolutamente tudo o que vivemos, sejam boas ou más experiências, se tornarão lições aprendidas.

Ao tomarmos consciência das dinâmicas relacionadas com a evolução do espírito, aprendemos a tentar sempre acertar, mas que ao errar não devemos nos envergonhar. Ao contrário, devemos revisitar o erro sob outras perspectivas, aprendendo com ele e reconhecendo que graças a cada pequeno erro cometido pudemos chegar até aqui: essa é a verdadeira e mais profunda libertação cármica, que nos ensina uma lição valiosa a ser seguida sempre repetida por nós:

EU ERREI, E APRENDI
A NÃO ERRAR NOVAMENTE,
ESPERO QUE VOCÊ TAMBÉM
TENHA APRENDIDO COM
SEUS ERROS E ACERTOS,
NÃO ME ENVERGONHO
DE NENHUM ERRO MEU,
POIS ME FIZERAM SER
QUEM SOU E DESSA MANEIRA,
ME LIBERTO DE TODAS
AS AMARRAS EMOCIONAIS
QUE NOS PRENDIAM
E ESPERO QUE UM DIA
VOCÊ FAÇA O MESMO.

Ao vivenciar esses ensinamentos de maneira sincera e profunda, sua vida será um novo caminhar, livre das amarras que lhe impedem de ser você mesmo: um Ser individual, conectado com o Universo, mas responsável unicamente por si.

Um presente especial para você

Meu desejo sincero é que as palavras desse livro tenham tocado o seu coração e, como agradecimento, preparei a palestra **"Karma, Morte e Reencarnação"** para que você possa continuar os seus estudos e compreender os mistérios que envolvem a nossa jornada aqui, no plano físico.

Para assisti-la é simples e gratuito: basta acessar o site *www.arolecultural.com.br/classroom* e, com o código abaixo, criar seu usuário e senha de acesso.

Na plataforma online, você ainda poderá se matricular em outros cursos e palestras sobre espiritualidade e magia, para aprender mais sobre a espiritualidade.

Aproveite!

EBDA-19A268

FELIPE CAMPOS

As Dimensões Paralelas

O universo humano é tão vasto que nossa pequena imaginação jamais poderá imaginá-lo por completo. Dimensões espirituais existem como bolsões de amparo aos espíritos desencarnados, assim exercendo a função de verdadeiras casas espirituais aos irmãos que caminham pelo lado do espírito. Já falamos sobre as dimensões paralelas onde os espíritos humanos transitam e habitam e sobre os locais para onde seremos encaminhados após o desencarne.

De certo já passamos pelas dimensões mais negativas existentes e estamos em meio de uma jornada para ascender a níveis mais altos. A funcionalidade de cada dimensão é regida puramente pelas compatibilidades vibracionais, como também já falamos, mas agora poderemos conhecer um pouco mais sobre como são cada uma delas.

As descrições e experiências narradas a seguir foram vivenciadas por mim em viagens espirituais conduzidas durante muitas noites pelos meus Mentores Cacique Pena Azul e Pai Joaquim de Angola, a cada uma das dimensões nas quais me foi autorizado estar. Aqui, faço um relato breve e simples do que vi em cada um desses lugares.

7ª DIMENSÃO NEGATIVA

A sétima dimensão negativa é o campo mais profundo e denso dos planos espirituais. Poderíamos, numa interpretação cristã, apontá-lo como o inferno mais profundo. Porém, o que vi foge completamente da visão tradicional de inferno que temos, pois não se vê fogo em parte alguma. Na verdade, pouco se vê qualquer coisa, já que a luz é algo raro neste lugar. Esta dimensão é extremamente gelada e a impressão é que caminhamos por geleiras onde tudo é escorregadio.

O frio sentido nesta dimensão transcende ao físico: é um frio na alma, é um estado de ausência absoluta, de inércia. Penso que um dos piores sentimentos é justamente a ausência de sentimento. Se pudesse resumir o que vi nesta dimensão com uma única frase, essa seria *"a falta de fé"*; ao chegar à sétima dimensão negativa senti como se não tivesse nada a perder.

A cada momento via Seres disformes dentro de grandes paredes rochosas, com aspecto de grandes geleiras. Esses Seres pareciam ser completamente inertes, sem a menor consciência do que se passava; eram Seres muitas vezes deformados, com corpos espirituais completamente impregnados de escuridão e uma espécie de gosma escura que rodava pelos seus corpos. Essa energia era tão densa que mesmo que se exteriorizasse luz a esses Seres, ela seria incapaz de penetrar os campos energéticos negativos deles, o que os fazia parecer grandes espectros sem vida.

Ao caminhar, hora ou outra ouvia grunhidos, sons de algo rastejando e algumas tentativas de grito mais humanizado, mas sempre os gritos pareciam ser silenciados pelo cansaço, pela dor, ou simplesmente pelo desânimo dos Seres que lá habitam. Nada de mais concreto pude perceber nesta dimensão, porque é quase impossível para Seres com a nossa constituição ficarem por muito tempo nestes planos sem sofrerem severos danos ao seu corpo espiritual.

Após essa viagem o Mentor Pena Azul me explicou que a sensação de grandes geleiras se dá pelo fato de esta ser uma dimensão absorvedora. O fogo, do que muitas pessoas pensam que o inferno mais profundo é constituído, é um elemento irradiador por natureza e os campos negativos possuem a característica e necessidade de serem sempre absorvedores.

Ele nos pede, ainda, para lembrarmos sempre que quando perdemos energia de nossos corpos por qualquer motivo, seja doença ou um mal súbito, ou mesmo quando num trabalho espiritual nos deparamos com Seres obsessores, ou até, em último caso, um corpo humano desencarna, em todas essas situações que caracterizam uma perda substancial de energia temos um sintoma em comum: o corpo fica gelado. Portanto, entendemos que ao perdermos energia a sensação térmica que teremos é de frio, logo, a sétima faixa vibracional negativa, por ser a esfera mais densa e negativa de todas, é por natureza uma completa absorvedora energética, uma espécie de buraco negro das dimensões espirituais. Devido a isso, um espírito humano não consegue ficar por muito tempo nestes lugares sem que sofra danos e até mesmo alterações em suas constituições, a fim de melhor lidar com as pressões energéticas de lá. Por esses motivos, também, os Seres que nela habitam baseiam suas ações nos instintos mais primitivos de sobrevivência.

6ª DIMENSÃO NEGATIVA

A sexta dimensão negativa, possui um pouco mais de luz que a anterior, porém muito aquém da possibilidade de termos uma visão clara do que está ao redor. Nela, é mais fácil encontrarmos Seres Espirituais que ficam vagando sem um destino exato e seu caminhar parece ser inerte também; passam por nós como se não nos vissem, como se não pensassem, como se não falassem, como se nada sentissem.

No período que estive lá, por um instante refleti que para bem de estarem no lugar onde estão realmente seria melhor que nada sentissem. Nesse momento, porém, meus Mentores me contiveram neste pensamento, pois não sentir nada é muito pior do que qualquer outra coisa: a ausência absoluta sempre é pior do que a presença do que quer que seja.

Os Seres da sexta dimensão negativa são acinzentados, é difícil perceber uma constituição de pele, todos parecem muito iguais e caminhavam em fila num mesmo ritmo. Não sei precisar para onde caminhavam, porque quem não pertence àquela faixa sente uma angústia enorme de estar nesse local. Diferente da faixa anterior, este local não tem semelhança com geleiras, embora, também sentíssemos grande sensação de frio. Os locais da sexta dimensão negativa aos quais pude visitar pareciam um grande desfiladeiro rochoso, fato que contribuía com a escuridão.

Um aspecto interessante quando visitamos as faixas vibracionais dos planos espirituais é observar o céu. Neste caso, o céu era completamente escuro e, hora ou outra, viam-se raios azulados cortando o espaço. Sobre este fenômeno, fui informado pelos Mentores de que, assim como nos céus da Terra, os choques eletromagnéticos de cargas muito densas se chocavam na atmosfera desta faixa vibracional, causando os raios. Assim como na dimensão anterior, nesta também não existe dia e noite, a densidade energética encobre a visão, sendo impossível afirmar, inclusive, o que existe por trás do céu escuro, já que enxergamos apenas massas densas e raios cortando o espaço.

5ª DIMENSÃO NEGATIVA

Nesta dimensão, ao contrário das anteriores, os Seres que lá habitam começam a ter uma espécie de semiconsciência. Digo *"semi"* porque, por mais que pareçam estarem agindo por suas vontades, ainda são comandados pelos seus impulsos e instintos, ou seja, acabam sendo escravos da própria besta-fera que existe dentro de cada um. Fazendo um paralelo simples, muitas vezes ouvimos dizer que dentro de cada um de nós existe um Deus e, sendo assim, também existe um Diabo. Na quinta dimensão negativa estes *aspectos demoníacos* começam a se manifestar e a fazer parte do mental dos Seres.

O local que visitei era constituído por pântanos e planícies devastadas quaisquer constituições, mesmo as vegetais, não conseguiam suprir suas necessidades energéticas nesta dimensão, que não oferece qualquer base para a existência como a conhecemos, seja física ou espiritual. Os Seres dessa dimensão tomam as formas humanas como conhecemos, mas dividem espaço com outros ainda disformes. Não tive tempo de analisar o porquê de alguns Seres estarem deformados e outros não, mas entendo que isso provavelmente passa por seu aprendizado, merecimento e necessidade evolucionista. O sentimento que vibra muito forte em todo o ambiente é o mais puro e verdadeiro ódio, não por algo específico, mas pelo puro prazer da maldade.

Essa região se torna ainda mais perigosa pois conflitos e disputas acontecem a todo o momento. Como os Seres que ali habitam são animalescos e odiosos em seus temperamentos, a tortura e a dor são constantes e eles tentam continuamente atacar os Seres de outras dimensões como nós, que quando em desdobramento, entramos nestes locais. Para nos proteger disso, quando fazemos um desdobramento para estes lugares nossos Mentores costumam manter uma espécie de bolha energética com uma luz muito clara ao nosso redor, que afeta a estes espíritos de forma agressiva, assim evitando que eles se aproximem e nos prejudiquem.

4ª DIMENSÃO NEGATIVA

A quarta dimensão negativa parece vibrar uma mistura de ódio e incerteza. Os Seres que ali habitam já vivenciaram o ódio na sua mais pura forma na dimensão anterior, mas devido à sua evolução começam a perceber que tal sentimento prejudica seus desenvolver. Assim, passam a viver em dúvidas, uma vez que devido ao seu nível de evolução e compreensão, poucas lições do espírito lhes são claras. Este também é o motivo para que nessa dimensão ainda existam inúmeros conflitos, pois os Seres que ainda dão vazão a seu ódio na forma bruta a todo tempo atentam contra aqueles que começam a trilhar caminhos diferentes. Numa leitura superficial, fiquei com a impressão de que os espíritos que não compartilham do ódio são vistos de como fracos e subjugados a todo instante.

Mesmo nos dias atuais, nosso planeta ainda possui muitos Seres que provém desta dimensão. Há muitos anos atrás, Seres da quinta, sexta e sétima dimensão negativas também encarnavam por aqui, mas isso não acontece mais com tanta frequência devido ao nível energético que se estabeleceu no nosso planeta, o que forçou os Arquitetos das Encarnações a restringirem o retorno destes Seres anteriores para não prejudicar a média global de evolução do grupo atualmente encarnado.

3ª DIMENSÃO NEGATIVA

O conceito de umbral que conhecemos na Umbanda e no Espiritismo assemelha-se com as três primeiras dimensões negativas, já que nelas o Ser é absolutamente emocional e ainda sofre por seus vícios e desejos de quando encarnado. A localidade visitada também possuía pântanos e muito barro, a caminhada se tornava difícil, pois os pés pareciam afundar numa lama escura e muitos Seres ficavam jogados nelas, como se não mais tivessem vida. Ouviam-se gritos a todo instante: as dores aqui são voltadas ao ego, aos negativismos das emoções e aos desequilíbrios de toda sorte.

O discernimento entre o que é certo e errado começa a surgir, mas ainda com grande grau de cinismo. É comum que os Seres que lá habitam tentem se comunicar com os que visitam essa localidade, mas nem sempre com as melhores intenções. Os Seres da terceira dimensão negativa muitas vezes estão no alto de seus desequilíbrios energéticos e dissimulam para passarem impressões que não são as reais.

Nesta dimensão vi duas coisas que me intrigaram: pela primeira vez pude perceber espectros animais, não da forma convencional e doméstica, mas com seu corpo denso e ferido pelas energias nocivas, de natureza selvagem. Vale ressaltar que estes Seres não eram espíritos de animais desencarnados, não eram nem sequer espíritos, mas espectros formados e comandados por uma energia maior que rege aquela dimensão; a segunda coisa que mais me chamou a atenção nesta dimensão foi o fato de ser comum vermos Seres de energia e vibração positivas visitando e atuando na cura e tratamento de espíritos que lá estão aprisionados. Não sei dizer de qual dimensão estes Seres positivos vinham, mas era clara a forte influência que cada um deles causava aos Seres negativados através da imposição de energias.

2ª DIMENSÃO NEGATIVA

A segunda dimensão negativa é bem parecida com a anterior: uma leve penumbra, na qual se viam alguns raios de luz entre nuvens pairava sobre todo o local. Esta dimensão é realmente bem parecida com a dimensão humana que conhecemos hoje; o local que visitei possuía diversos tipos de construções - numa delas, inclusive, funciona uma espécie de centro de reabilitação espiritual. Neste local, os espíritos que acabaram de retornar da dimensão encarnada e ainda sofrem com o choque emocional do desencarne eram tratados. Estes choques se deviam, principalmente, por encararem as desilusões da vida: muitos desses Seres passaram todas as suas vidas encarnadas trilhando uma jornada que julgavam serem certas e, ao desencarnar, perceberam que agiram com fundamentalismo, como se suas verdades fossem as únicas do universo. Estes espíritos - que pensam serem verdadeiros "santos em terra" -, quando desencarnam, percebem que são na verdade ignorantes e, por isso, passam por um grande choque energético que afeta seus campos vibracionais. Seres assim precisam de um tempo de reabilitação para aprenderem as lições do desencarne.

O trabalho de auxilio em campo nesta dimensão também é grandioso. Pude perceber tanto Seres de extrema luz trabalhando dentre os que sofriam com os desequilíbrios das emoções, quanto Seres realmente imponentes dando fim às ações de Seres negativos que abusavam dos demais. Estes Seres imponentes com quem tive contato trabalhavam como verdadeiras egrégoras de servidores espirituais que, quando necessário, usavam de sua força para evitar danos maiores à evolução dos demais, agindo e operando como policiais que ordenavam toda a dimensão.

1ª Dimensão Negativa

Minha sensação ao estar na primeira dimensão negativa foi de que essa é uma dimensão de preparação à dimensão encarnada. Tudo é muito parecido, inclusive as necessidades materiais, os desejos e as pulsões humanas. Senti, porém, uma grande diferença principal: uma divisão clara entre dois grupos de espíritos que lá residem. O primeiro era formado por espíritos que estão quase partindo para a dimensão encarnada, que nos transmitem uma sensação de autoconfiança, até mesmo arrogância, orgulho e ego, afirmando que não mereciam estar naquele lugar, mas em dimensões superiores - um deles, inclusive, insistia em dizer repetidamente que em vida provaria isso. O segundo grupo era dos espíritos que tinham retornado da dimensão encarnada há pouco tempo. Estes espíritos andavam de um jeito mais silencioso, não tão pretencioso quanto o primeiro; alguns deles ainda pareciam revoltados, muitos extremamente melancólicos, como se sentissem falta de suas famílias carnais e de seus bens materiais.

Nesta viagem astral, pude participar por alguns instantes do grupo de socorro espiritual, no qual acompanhei um rapaz jovem que havia desencarnado devido ao uso de drogas. Mesmo em espírito, esse rapaz ainda sofria com os efeitos da abstinência, pois mesmo desencarnado, trazia consigo o vício emocional. Devido a isso gritava, tinha ataques e convulsões. Por diversas vezes fui orientado a observar a densidade energética do corpo espiritual deste jovem, que passava por oscilações tão grandes que o próprio corpo ficava fraco, quase desaparecendo de nossas vistas.

Os Mentores que me acompanharam neste trabalho informaram que a densidade do corpo espiritual desse garoto ficava tão fraca que fugia completamente ao padrão do ambiente em que nos encontrávamos e que, numa situação dessas, poderia rapidamente ser atraído a uma dimensão mais densa dos planos negativos, o que seria devastador para ele e sua evolução. Nesses casos os socorristas precisam trabalhar com extrema rapidez e de forma muito eficiente para controlar os ânimos de quem sofre.

PLANO ZERO

O plano zero é a dimensão na qual vivemos, logo, a melhor maneira de conhecermos este plano é vivenciando nosso dia-a-dia, passando por nossas experiências encarnadas, nossas dores e nossos aprendizados. Isso é viver, isso é passar por completo neste plano da vida. Um aspecto importante a ressaltar é que o plano zero é um plano bipolarizado, já que possui dois polos na mesma dimensão: um encarnado e outro desencarnado. Podemos dizer que cada um desses polos é uma dimensão distinta, mas que são regidas pelo mesmo padrão vibracional.

Os Seres que aqui desencarnam e que viveram apegados à matéria, correm o sério risco de ficarem presos na nossa dimensão. Isso não é novidade, uma vez que sabemos que dependendo do nível de apego, por vezes o espírito desencarna e nem mesmo percebe, pois sua vibração não transcende ao plano zero desencarnado, e ele continua vendo as pessoas daqui e tentando conviver neste mundo, causando as obsessões espirituais. Estes espíritos, porém, ainda podem ficar estacionados numa paralela vivenciando um pouco dos dois mundos. Essa situação pode ser extremamente prejudicial a ele, uma vez que ao conviver em espírito no plano zero encarnado, poderá chocar-se com os fatos que verá, como por exemplo, perceber que a sua família seguiu a vida e que sua esposa causou-se novamente. Esse tipo de situação pode fazer com que o espírito se desequilibre totalmente e sua evolução - que até então vinha bem e, quem sabe, poderia partir para os planos superiores - retroceda, caindo num declínio moral e energético que o levará ao fundo das dimensões negativas.

1ª DIMENSÃO POSITIVA

A primeira dimensão positiva também é muito parecida com a vida encarnada, apenas percebemos mudanças do nível de apego dos Seres ao que possuíam em vida e aos ensinamentos obtidos até chegar ali. A vida na primeira dimensão positiva acontece quase que totalmente nas colônias espirituais que conhecemos e os espíritos que são direcionados a ela não devem se desprender totalmente do estilo de vida levado quando estiveram na dimensão encarnada, já que muito provavelmente retornarão a ela para mais uma missão evolucionista.

A visita a essas dimensões se resumiu quase que exclusivamente em conhecer cidades, de formatação bastante semelhante às nossas, ainda que muito limpas, onde percebemos uma verdadeira estrutura organizacional. Muitos dos espíritos dessa dimensão que estão no processo de aprendizagem para vivenciarem uma experiência mais valorosa na Terra são enviados às dimensões negativas para auxiliar outros espíritos necessitados. Assim, percebemos que nas operações de resgate que foram relatadas anteriormente, os auxiliadores não eram tão somente enfermeiros astrais ajudando o próximo, eles estavam também se ajudando, auxiliando sua própria evolução ao aprender e praticar o bem ao próximo.

Nesta dimensão existe dia e noite, assim como para nós no plano encarnado. Nela os Seres se alimentam energeticamente, externam sentimentos amorosos e vivem em família assim como no Planeta Terra. Muitas vezes as famílias que vivem juntas na primeira dimensão positiva são as mesmas famílias que viverão juntas no plano encarnado em seus próximos ciclos. Além disso, muitos espíritos das dimensões superiores visitam essa dimensão com certa frequência.

2ª DIMENSÃO POSITIVA

A segunda dimensão positiva também é constituída por colônias, no entanto, com um aspecto educacional e evolutivo bem maior do que a primeira. Aqui também se diferenciam dia e noite, os espíritos que nela habitam começam a serem orientados e preparados para deixarem alguns costumes encarnados como a alimentação e os trabalhos de aprendizagem energética são mais intensos. Ainda se vive em família e as formas de comunicação entre os habitantes dessa dimensão começam a ficar mais refinadas. Nesse local pude encontrar Seres que se falavam apenas através das faculdades psíquicas.

Nesta dimensão ainda senti um grande apego de seus habitantes pela religiosidade, embora, os ensinamentos nas colônias deixem muito claro que religião e espiritualidade são coisas distintas e que a primeira é aspecto importante apenas para a dimensão encarnada. Por essa razão, muitos dos Seres aqui sentem maior afinidade quando o estudo nas colônias é feito de acordo com a base de crenças que experimentaram na Terra.

A vida na segunda dimensão positiva segue um ritmo um pouco mais intenso do que na dimensão anterior: nela, encontrei centros de estudos espirituais nos quais os Seres aprimoram seus conhecimentos e valores morais que levarão às suas próximas vidas encarnadas. O trabalho espiritual também é muito considerado entre eles e tido como uma grande ocupação e demonstração de valor e preocupação com os demais, uma vez que todos os trabalhos aqui são realizados em prol da comunidade e não para o individual.

3ª DIMENSÃO POSITIVA

Na terceira dimensão positiva senti muita estranheza na relação com o tempo. Parecia que ele passava muito lentamente e a diferença entre dia e noite não me pareceu bem definida; quando necessitavam da energia noturna para este ou aquele desenvolvimento ou estudo, então se fazia noite; quando era necessária a energia da luz, o dia surgia.

Esta dimensão é onde começamos a entender o real sentido do que é transcender: todos os ensinamentos são de uma elevação surpreendente e nesta dimensão fui convidado a conhecer um centro de estudos magnífico. Fui acompanhado até esse lugar pelos Mentores Cacique Pena Azul e Pai Joaquim de Angola; ao entrar por um portão circular metálico, que se abriu com uma série de mecanismos estranhos a mim, me deparei com uma sala completamente branca e sem janelas, apenas uma porta ao fundo.

Neste momento da jornada percebi que meus Mentores não mais me acompanhavam; então, a porta circular metálica se fechou. Fiquei sozinho por cerca de 2 segundos, quando então a porta ao fundo se abriu e, do outro lado, me aguardavam quatro espíritos homens, que me levaram para conhecer toda a estrutura do complexo. O espaço para onde me levaram parecia uma universidade dedicada ao aperfeiçoamento dos Seres, onde existiam várias salas de aula e grupos de espíritos debatiam temas interessantíssimos: filosóficos, conscienciais, espirituais e até científicos, sempre mediados por espíritos orientadores que conduziam as discussões.

Lá também vi muito verde e natureza e, ao final da visita, nos sentamos no topo de um pequeno morro, de onde pude avistar um grupo de espíritos sentados em volta de uma enorme árvore. Junto a eles, em pé, havia uma jovem moça com um livro em mãos. Pude perceber que ao pé da árvore e em todo seu entorno havia diversas mandalas desenhadas, como mosaicos, e percebi ainda que a árvore era o centro de uma mandala principal, como se fosse um núcleo de geometria sagrada. Ao final da visita, um dos espíritos que me acompanhavam informou que, nos próximos anos, Seres que ali residem encarnarão com a missão de levar à Terra o modelo de centro de estudos que ali eu havia conhecido, assim como levarão avanços tecnológicos e da ciência aos Seres encarnados no Plano Zero.

4ª DIMENSÃO POSITIVA

A quarta dimensão positiva poderia ser facilmente confundida com a ideia de paraíso ou Jardim do

Éden como conhecemos nas histórias bíblicas, locais onde a natureza se sobressai perante a tudo e a energia do local é completamente imanente. Estar ali era como a sensação de entrar numa bolha de oxigênio e respirar ar verdadeiramente puro pela primeira vez. Os Mentores informam que nesta dimensão se faz uma das principais ligações entre a dimensão humana e as dimensões paralelas, como as vegetais, elementais e espirituais que se relacionam conosco de alguma forma.

Grandes pensadores da humanidade saem desta dimensão, onde fazem sua última preparação e refinamento para concluírem suas missões individuais na Terra. Muitos deles, quando encarnados, começam a desenvolver capacidades de comunicação sutil com Seres de dimensões diferentes, pois aprimoram energeticamente em seus corpos espirituais mecanismos de conexão ou, melhor dizendo, faculdades mediúnicas altamente refinadas. Esta também é uma dimensão que possui diversas estruturas de ensino, preparação e iniciação nos dons naturais dos Seres - inclusive, a tão falada escola iniciática Círculo Luminoso do Grande Oriente fica nesta dimensão.

5ª DIMENSÃO POSITIVA

A quinta dimensão positiva foi a última dimensão que pude visitar diretamente em minhas viagens astrais. Uma dimensão bem diferente do que conhece-

EM BUSCA DO ALÉM

mos estando em Terra, aqui se reúnem espíritos que não mais possuem a necessidade de encarnarem e, caso isso ocorra, é por pedido missionário, pois estes espíritos encarnam apenas em missão coletiva para o mundo. Os espíritos desta dimensão demonstram uma inteligência excepcional, um raciocínio bastante desprendido de emoção e condutas altamente ilibadas. Enquanto no plano espiritual, são Seres que ajudam na organização de todas as demais dimensões, dando apoio e suporte espiritual e energético para o bom funcionamento da dimensão humana.

Esta dimensão não respeita as lógicas físicas como conhecemos e possui monumentos incríveis, como por exemplo, uma espécie de castelo cristalino, ao qual pude fazer uma breve visita, e que ficava no topo de uma colina pontiaguda apontando para o céu. A construção inteira parecia cristal puro e era chamada de "Casa Cristalina". Pelo que pude perceber e entender, esse local servia de condutor energético e vibracional que sustenta não só a dimensão onde se encontra, mas todas as demais. Dentro dele os Seres desenvolvem os mais refinados e complexos conceitos filosóficos e morais que serão apresentados a todos os demais Seres em suas encarnações e nos centros de estudos espirituais das demais dimensões. Sempre que a dimensão humana precisa de um exemplo real de virtuosidade, um desses Seres leva pessoalmente essa nova vertente de pensamento aos humanos, encarnando como Missionário.

6ª DIMENSÃO POSITIVA

Como dito, não tive autorização para desdobrar nesta dimensão e tudo que sei sobre ela foi recebido através de mensagens e intuições recebidas dos Mentores Espirituais. Segundo suas informações, nesta dimensão ficam os chefes de falanges e egrégoras de todas as vertentes de pensamento filosófico e espiritual do Universo humano. Todos os espíritos-chefes – sejam eles espiritas, umbandistas, católicos, evangélicos ou de qualquer outra denominação religiosa - residem espiritualmente nesta dimensão. Assim, podemos entender que são eles os grandes responsáveis pelas linhas de evolução vigentes no planeta atualmente. Este lugar, pelo que pude compreender, é a dimensão onde se realiza o sonho de ver todos os líderes espirituais de cada religião existente pensando juntos como traçar a evolução do Ser perante a vontade da força maior que rege o Universo.

7ª DIMENSÃO POSITIVA

A única informação que recebi sobre essa dimensão é que é nela onde ficam os Arquitetos das Encarnações, de quem tanto falamos nesta obra. Desse local saem todas as ordens e organizações do Universo e é lá que são traçados os objetivos de toda a humanidade, seus prazos e suas funções, as missões de cada líder e todos os aspectos evolucionistas a serem realizados pelos espíritos durante suas encarnações. Podemos afirmar que aqui fica o comando central do nosso Universo, tudo o que pensamos sobre as potencialidades de Deus meramente se aproxima do que os Seres da sétima dimensão positiva fazem por nós. Nesta dimensão, ainda, todos os Seres são divinos e a noção de individuo não mais existe, pois estão a um passo das divindades e de se tornarem o coletivo divino que rege esse e todos os demais universos existentes.

FELIPE CAMPOS

O FIM DO CICLO

Ao alcançarmos a quinta dimensão positiva, como já vimos, não temos mais a necessidade de encarnar. Isso porque nossas necessidades individuais já foram sanadas e, caso isso aconteça, será com uma missão coletiva e a partir de então seremos chamamos de Espíritos Missionários. Não consigo imaginar nada mais bonito do que abrir mão do direito de estar junto aos grandes Mestres Espirituais para passar mais uma vida encarnada ensinando a quem precisa e penso que, para vivenciar um desprendimento destes, realmente é necessário viver anos e mais anos, vidas e mais vidas de aperfeiçoamento na carne.

Quando falamos em finalizar um ciclo, estamos também falando de cada momento de nossas vidas, afinal, nossa existência é um grande sobrepor de ciclos: cada dia que dormimos, morremos e encerramos o ciclo daquele dia e, quando acordamos, nascemos novamente, iniciando uma nova jornada. Ao desencarnar também encerramos um ciclo de vida, mas automaticamente iniciamos um novo ciclo espiritual, uma nova vida no espírito; da mesma maneira, o (re)nascimento na dimensão encarnada dá início a um novo ciclo nesta dimensão, ao passo que encerra o ciclo da vida na dimensão espiritual.

A possibilidade de deixarmos a vida encarnada de forma definitiva, não revivendo os ciclos reencarnatórios da evolução, é visto desde muito tempo como o grande objetivo dos Seres. Os primeiros registros desse objetivo vêm da Antiga Grécia, nos estudos de Pitágoras, que afirmava a evolução moral e filosófica do Ser com vistas a sair da linha reencarnatória e, desde então, vivemos buscando esse dia. Entretanto, quando esse dia finalmente se aproximar, perceberemos que passamos tanto tempo correndo atrás de algo que, agora ao alcance das mãos, nos faz compreender com tranquilidade a beleza de viver na dimensão encarnada. Veremos a beleza do aprendizado através das pequenas coisas; sentiremos a felicidade em colocar o pé para o alto numa tarde de verão e apenas ver o tempo passar; sentiremos saudades do colo da avó, do aconchego da família.

É claro que, devido à evolução espiritual e o desapego emocional aprendido em todas as vivências na carne, nada disso nos fará sofrer, mas certamente irá fazer-nos sorrir. Nesse momento, mesmo que por apenas um segundo, faremos a pergunta mais importante de toda nossa trajetória: *valeu a pena?*

A vida é uma sequência de sorrisos e lágrimas e, se ao final deste ciclo, você disser para si mesmo que valeu a pena, então perceberá a essência divina em cada um de nós. Com essa essência reconhecida, agora seremos bons servidores da humanidade e, nas esferas superiores, poderemos executar um trabalho verdadeiramente significativo à humanidade. Mesmo não encarnando mais, sentiremos como se estivéssemos juntos a cada um dos Seres que amamos. Quando todos nós pudermos vislumbrar a beleza que se esconde por trás das mais elevadas dimensões espirituais, poderemos dizer que conhecemos a Deus, já que é aí que encerraremos o principal de todos os ciclos: o ciclo da individualidade.

**ESTAREMOS, ENTÃO,
PRONTOS PARA SERMOS DEUS,
PARA ATUARMOS COMO DEUS,
E SEJA LÁ O QUE NOS ESPERA
NA SÉTIMA DIMENSÃO POSITIVA,
NÃO MAIS SEREMOS HUMANOS:
TEREMOS NOS TORNADO DIVINOS.**

Nesse estágio, teremos enfim aprendido que o outro é nós, que o Universo é nós, que a natureza e que cada átomo dos cosmos é nós! Teremos aprendido que não mais existe o individual: agora apenas o coletivo, só o todo é que importa. Quando tudo isso acontecer, poderemos manifestar novos universos e novas realidades, poderemos externalizar nosso Eu Divino. Tudo está em movimento: quando não mais formos humanos, ainda assim o trabalho continuará, não mais amparados, mas amparando nossos irmãos.

FELIPE CAMPOS

Posfácio

A IMPORTÂNCIA DAS RELIGIÕES NA EVOLUÇÃO HUMANA

Por mais que tenhamos consciência de que os ciclos de reencarnação são processos nos quais buscaremos a evolução espiritual, todos – sem exceção -, quando encarnados, buscam estabelecer para si e para os demais ao seu redor aquilo que consideram como "certo e verdadeiro". De todos os assuntos aos quais buscamos aplicar essas definições, o mais conflituoso talvez seja a religião.

Em todo o mundo, desde crianças, somos criados para acreditar que existe uma única religião correta e verdadeira – obviamente aquela que seguimos -, e que todas as demais são falsas e merecem ter seus dogmas e seus seguidores questionados à exaustão – ou melhor, à conversão. Porém, se tal pensamento se instituiu na sociedade desde milhares de anos até os dias atuais, é porque fazer com que as pessoas pensem dessa maneira exclusivista é, sem dúvidas, vantajoso para aqueles que estão no poder social e político de seus grupos, comunidades, países e civilizações.

Se observarmos a história da humanidade, perderemos a conta das vezes em que alguém diz ter falado com Deus e, então, se entitulado portador e pregador exclusivo da palavra Dele, ou mesmo, ter recebido alguma missão divina da qual foi designado como comandante. A sede de poder e egolatria seduz o imaginário humano e com ela, por toda a história, personagens vêm se destacando e acumulando seguidores e fiéis para as mais diversas vertentes religiosas - o que não seria nenhum problema, não agissem esses grupos com agressividade e dominação sobre os demais. Nesse sentido, para que possamos falar da importância das religiões para a humanidade e sua evolução, é fundamental, antes, estabelecermos algumas bases fundantes para nossa reflexão.

A primeira delas é compreender, de fato, que as energias criadoras deste Universo e de todos os demais, em sua infinita sabedoria, jamais entregariam todo o conhecimento e sabedoria divinas a apenas um Ser – afinal, todos os que estão aqui encarnados estão em maior ou menor grau de evolução e, caso não estivessem, já não estariam entre nós. Como bem ensinam nossos Mentores Espirituais: existe apenas uma verdade, que é vista por inúmeros prismas. Cada um destes prismas é uma cultura, uma religião, uma tradição criada pelo Ser Humano, que enxerga Deus e sua criação a seu modo, baseando em seus próprios paradigmas as

EM BUSCA DO ALÉM

definições de sua crença. Por essa razão, não podemos em absoluto dizer que alguma delas está completamente errada, nem completamente certa, uma vez que cada religião está olhando a mesma verdade sob pontos de vista diferentes.

Dessa maneira, a principal função das diversas religiões e tradições espirituais por todo o mundo é, justamente, organizar através de seus dogmas e rituais a pequena parcela da Verdade Universal que lhes é possível observar através do seu próprio prisma e, assim como tudo o mais que nos ocorre durante a experiência encarnada, auxiliar em nossas evoluções a cada ciclo da jornada. Com isso, também, aproveito para enfatizar que a existência das religiões se restringe ao plano físico encarnado, existindo apenas no mundo material. Quando cada um de nós desencarna, nossas crenças e credos se encerram por aqui; não encontraremos igrejas, sinagogas e nem terreiros no mundo espiritual, porque o espírito em sua essência não se divide, se unifica.

Um exemplo disso é a fala de um dos meus Mentores que, durante uma de suas manifestações em um terreiro de Umbanda, disse às pessoas: "*eu não falo de Umbanda, pois não sou umbandista; de onde eu venho não nos dividimos por crenças, credos, raça, etnia, nem nada: somos apenas seres em busca de um mesmo Deus.*". Esta frase nos mostra claramente que o conceito de religião é restrito ao Ser Humano encarnado.

Outro ponto importantíssimo para o nosso entendimento quanto à importância das religiões é compreendermos que Deus não está em nenhum lugar físico, não reside em nenhum lugar que não dentro de nós mesmos. Portanto, toda religião é um processo organizado para nos levar em busca de Deus, mas que na verdade – e muitas vezes sem que percebamos - o que de fato vivemos é um processo de busca interna: nos buscamos, nos encontramos, nos aprimoramos. É justamente essa busca interna que faz com que nos tornemos Seres melhores em matéria e em espírito.

Atribuímos as conquistas de nossa reforma interior dizendo que alcançamos Deus nessa ou naquela religião, quando na verdade não foi ela que nos fez chegar até Deus; ela nos fez enxergar Deus dentro de nós mesmos. Ela foi, afinal de contas, veículo para que alcançássemos a compreensão sobre o divino dentro de cada um de nós. Nós vivemos num mundo plural em todos os aspectos e sentidos e é preciso que todas as pessoas, em determinado momento, façam esta reflexão e busca voltando o olhar para si. Porém, cada Ser possui um nível de evolução, cada um possui sua didática, seus gostos, suas preferências... Pensando assim, seria impossível que uma única religião – um único conjunto de regras e um único ponto de vista - agradasse e satisfizesse a todos, conseguindo tocar-lhes o coração.

Podemos usar este livro como exemplo: para alguns, os conhecimentos e reflexões que são expostas aqui fazem todo o sentido, vão de acordo com a busca espiritual que estão traçando em suas vidas e lhes toca o coração e a razão; para outros, porém, nossos estudos

EM BUSCA DO ALÉM

são completos absurdos, heresias ou ainda "coisa do capeta". Talvez esta obra não seja, realmente, para todos, assim como as religiões também não o são. As religiões são feitas para aqueles que se afinizam com o nível de compreensão sobre a humanidade e os processos de evolução que cada uma delas oferece. Por isso, devemos acima de qualquer coisa respeitar toda e qualquer religião, independente do que ela pregue. Se algo que uma delas fala não lhe faz sentido, esteja certo que para alguém ela faz completo sentido e o ajuda no seu processo de evolução espiritual – e tudo o que colabora com nossa evolução deve ser olhado com olhos de admiração e respeito.

Outro aspecto importante diz respeito aos líderes religiosos que fazem mau uso das religiões, buscando obter proveitos próprios. Apesar de esta ser uma atitude negativa, tanto em termos espirituais quanto em termos morais, não devemos nos precipitar e julgar a estrutura e organização religiosa como um todo pela atitude de uma única pessoa ou de um pequeno grupo delas. Se o representante daquela religião se desvia de seu caminho e a usa para proveitos próprios, também aprendemos que existe a lei do retorno, da ação e reação, da causa e efeito; hora ou outra, esta mesma pessoa irá sofrer as consequências de seus atos e seus fiéis não podem ser responsabilizados por isso. Infelizmente, depositaram suas fés em quem não as merecia; essas pessoas precisam, mais que muitos de nós, serem respeitadas e acolhidas para sua evolução.

Por tudo isso, qualquer que seja a religião existente, todas elas são de vital importância para a evolução da raça humana em nível moral, emocional e espiritual. Cada uma delas fala a um grupo específico de pessoas a partir de seu prisma, que retrata uma parcela do todo universal. Assim, fazemos com que um maior número de pessoas possa realizar, cada qual a seu modo, suas reformas íntimas, suas reflexões e a busca do seu Eu Divino. Quando tivermos realizado essa busca e alcançado a evolução em maiores níveis, certamente não precisaremos mais dessas instituições, pois seremos todos um mesmo Deus. Até lá, a pluralidade e o respeito às diferenças são o que nos levará, seguros, ao caminho uno.

Sobre o Autor

Felipe Campos é sacerdote umbandista, iniciado desde os 17 anos de idade e ordenado pelo saudoso Pai Rubens Saraceni, fundador da Tradição de Umbanda Sagrada. Professor de Teologia de Umbanda e Grão-Mestre ocultista pela Ordem Estrela Guia, fundador e dirigente do Templo Escola de Umbanda Cacique Pena Azul, Felipe iniciou sua jornada espiritual ainda criança, quando com apenas cinco anos de idade conversava com seu avô falecido e recebia das Entidades Espirituais mensagens e conselhos. Foi nesse período, também, que teve o primeiro contato com o espírito Cacique Pena Azul, hoje seu Mentor Espiritual.

Palestrante internacional, lecionando temas como teologia de Umbanda, chackras e bioenergia em diversas cidades do Brasil e de Portugal, Felipe ainda é formado bacharel em Administração e Comércio Exterior pela Universidade Nove de Julho, especializado em Paradiplomacia pela Fundação Escola de Sociologia e Política de São Paulo (FESPSP) e em Marketing Político pela Pontifícia Universidade Católica de São Paulo (PUC-SP).

Embora o trabalho espiritual de Felipe seja voltado à Umbanda, desde 2013 desligou-se da tradição de Rubens Saraceni e fundou sua própria escola teológica, na qual além dos fundamentos afro-brasileiros inclui, ainda, práticas de magia e filosofia ocultista e seus estudos e ensinamentos voltam-se à espiritualidade holística como um todo. Seguindo as orientações de seus Mentores, o sacerdote e escritor afirma a importância do estudo abrangente, sem fechar-se em dogmas ou supostas verdades absolutas, afinal Deus está em todo lugar.

Saiba mais sobre o autor em

www.penaazul.com

Referências Bibliográficas

DARWIN, Charles. A origem as espécies por meio da seleção natural ou a preservação das raças favorecidas na luta pela vida. São Paulo: Editora Lafonte: 2017.

BÍBLIA SAGRADA, São Paulo: Scripturae Publicações, 2004.

PLATÃO. O banquete. O BANQUETE, Platão, Universidade Falada, 2010.

AGOSTINHO, S. O livre-arbítrio. São Paulo: Paulus, 1997.

SARACENI, Rubens. Gênese divina de Umbanda sagrada: o livro dos tronos de Deus – a ciência divina revelada. São Paulo: Editora Madras, 2008.

KAHN, Charler H. Pitágoras e os Pitagóricos: uma breve história, São Paulo: Editora Loyola, 2007.

EM BUSCA DO ALÉM

A Dinâmica da Reencarnação

Uma publicação da Arole Cultural.

Acesse o site

www.arolecultural.com.br